Axel N. Halbhuber

Reisen ist ein Kinderspiel

Für Rosie Mac
Und Valentin, der seine Schwester
liebt wie sich selbst

Axel N. Halbhuber

Reisen ist ein Kinderspiel

Wie Valentin seinem Vater die Welt zeigt

Mit 95 Fotos

Amalthea
Verlag

Stand der Reise- und Preisinformationen: Dezember 2016

Besuchen Sie uns im Internet unter: amalthea.at

© 2017 by Amalthea Signum Verlag, Wien
Alle Rechte vorbehalten
Umschlaggestaltung: Elisabeth Pirker/OFFBEAT
Umschlagfotos sowie alle Fotos im Buch: © Axel N. Halbhuber
Herstellung und Satz: VerlagsService Dietmar Schmitz GmbH, Heimstetten
Gesetzt aus der 11,25/14,7 pt Minion Pro
Printed in the EU
ISBN 978-3-99050-071-2

Inhalt

Vorwort
by Katrin aka Mama 8

Prolog
Warum es vollkommen egal ist,
dass sich das Kind nicht an eine Reise erinnern wird 11

Fisch und Feuer
Im Winter zum einsamen Meer:
Warum ein Ofen sehenswert ist 27
Dänemark/Seeland: Odsherred, Kopenhagen

Schneemann und Stallbub
Kleine Entdecker:
Warum Hütte und Bauernhof perfekte Basislager sind 43
Steiermark: Tauplitz, Ennstal, Schladming-Rohrmoos, Dachstein

Wasserratte versus Maskottchen
Konflikt in der Komfortzone:
Wie kann mein Sohn Thermen mögen? 59
Burgenland: Lutzmannsburg

Am See im Fluss
Wasserfahrt in trockener Kiste:
Warum kein Opa bei Radtouren fehlen darf 71
**Deutschland/Österreich/Schweiz: Passau bis Wien
und Bodenseerunde**

Prado und Little Venice

Städte im Buggytempo:
Wie ich nach zwanzig Trips ein erstes Mal hatte 93

Spanien/England: Madrid und London

Schlafende Riesen und tiefe Gräben

Die Almwiese als Spielteppich:
Wieso sich Wandern mit Kind neu erfindet 107

Oberösterreich/Salzburg/Niederösterreich: Gosaukamm und Ötschergräben

Glück trotz Überfluss

Leidenschaftlicher Cluburlauber:
Die Emanzipation des Reisekindes 123

Griechenland: Insel Kos

Höhlenmensch und Beifahrer

Fahrendes Klo und alles dabei:
Wie man nie etwas im Zimmer vergisst 133

Kärnten: Längsee

Hummer und Straßenkatzen

Feiner Bub auf hoher See:
Warum der Luxus beim Abenteuer nicht stört 145

Spanien/Frankreich/Italien/Mittelmeer: Barcelona, Korsika, Saint-Tropez, Portofino, Elba

Pures Leben und Totes Meer

Exotischer Trip von Wüste bis Wasser:
Warum der Beduine Valentin nach Hause einlädt 163

Jordanien: Amman, Jerash, Umm Qais, Totes Meer, Petra, Königsstraße, Wadi Rum, Aqaba

Schokomassage und Fernsehabend
Die Bekehrung des Skeptikers:
Wieso ein Kinderhotel nicht furchtbar sein muss 185

Tirol: Lermoos

Gletschertrip und Zugabe
Disneyland am Dreitausender:
Wo der ehrgeizige Sohn sein Skidebüt einforderte 199

Salzburg: Kitzsteinhorn, Kaprun

Epilog
Warum man zweitens das Reiseprogramm halbieren soll.
Und sich erstens vollkommen auf sein Kind einlassen
darf. 209

Danke 223

Vorwort

Axel N. Halbhuber ist ein Besserwisser.

In den Wochen vor seiner Karenz hat er Freunden und mir unermüdlich erklärt, wie und wo und wie oft er im kommenden Jahr mit seinem Sohn Valentin die Welt auf den Kopf stellen würde. Und was die alle haben, wenn sie ihm darauf antworten, na du wirst schön schauen, wie anstrengend das ist. Ich habe ihm zugehört und nicht nur einmal gedacht: »Jaja, jetzt redest g'scheit.« Und mir – in Erwartung einer ordentlichen Portion Genugtuung – ausgemalt, wie er schon bald nach seinem Karenzantritt vor mir stehen wird und nicht mehr weiß, wo hinten und vorne ist.

Ein paar Monate später steckte Axel mitten in den Vorbereitungen zur Kreuzfahrt, Valentin war eineinhalb Jahre alt. Die Schifffahrtgesellschaft bot im Rahmen ihres Baby-Paketes an, das Milchpulver für das Kind nach Wunsch bereitzustellen. Axel fand das super und füllte das nötige Formular aus. Ich, die grundsätzlich immer zwei Packungen mehr als nötig dabei hat (man weiß ja nie), war skeptisch. An Bord stand dann tatsächlich das falsche Pulver bereit. Ich hätte die Nerven weggeschmissen – wie soll das Kind bloß einschlafen? Axel hingegen bot dem Kind die Flasche an, dem Kind hat's nicht geschmeckt, es schlief trotzdem ein, das Abendflascherl war passé. Und ich, die sich schon seit Monaten Gedanken gemacht hatte, wie wir dem Kind ebendieses abgewöhnen könnten, wurde eines Besseren belehrt: Manchmal sollte man sich einfach nicht so viele Gedanken machen.

Axel macht sich keinen Kopf über Rituale. Er hat sich nie von festen Schlafens- oder Essenszeiten stressen lassen. Und alle »Regeln« von außen, wie man mit einem Einjährigen umzugehen hat, mit einem Augenrollen abgetan. Wie oft hat er mich damit genervt.

Nicht nur während seines Karenzjahres ist Axel seinen eigenen Weg gegangen. Er hat dabei eine Selbstverständlichkeit in den Alltag mit Valentin einziehen lassen, die ich sehr bewundere.

Das heißt nicht, dass er Valentin seinen Weg aufzwingt. Ganz im Gegenteil heißt es, dass er dem Kind Raum lässt: zu entdecken, zu erleben, seinen Kopf durchzusetzen. Er hat Valentin immer für voll genommen, ihm immer zugetraut, selbst etwas zu können, selbst zu bestimmen.

Genau deshalb war Valentin auch nicht Mitreisender in diesem Jahr mit seinem Papa, sondern Verbündeter. Womit Axel bei aller Weltentdeckerei und Abenteuerlust nicht gerechnet hat: Dass ein einjähriges Kind manchmal der Gescheitere ist. Valentin hat seinen Vater gebremst, ihm Umwege gezeigt, ihn zur Ruhe gebracht, Zeit eingefordert. Herausgekommen sind dabei Erinnerungen an ein gemeinsames Jahr, die viel wichtiger sind als Fotoalben und Postkarten. Und eine Vater-Sohn-Beziehung, die auf Augenhöhe funktioniert.

Ja, Axel N. Halbhuber ist ein Besserwisser. Valentin hat ziemliches Glück.

Katrin aka Mama

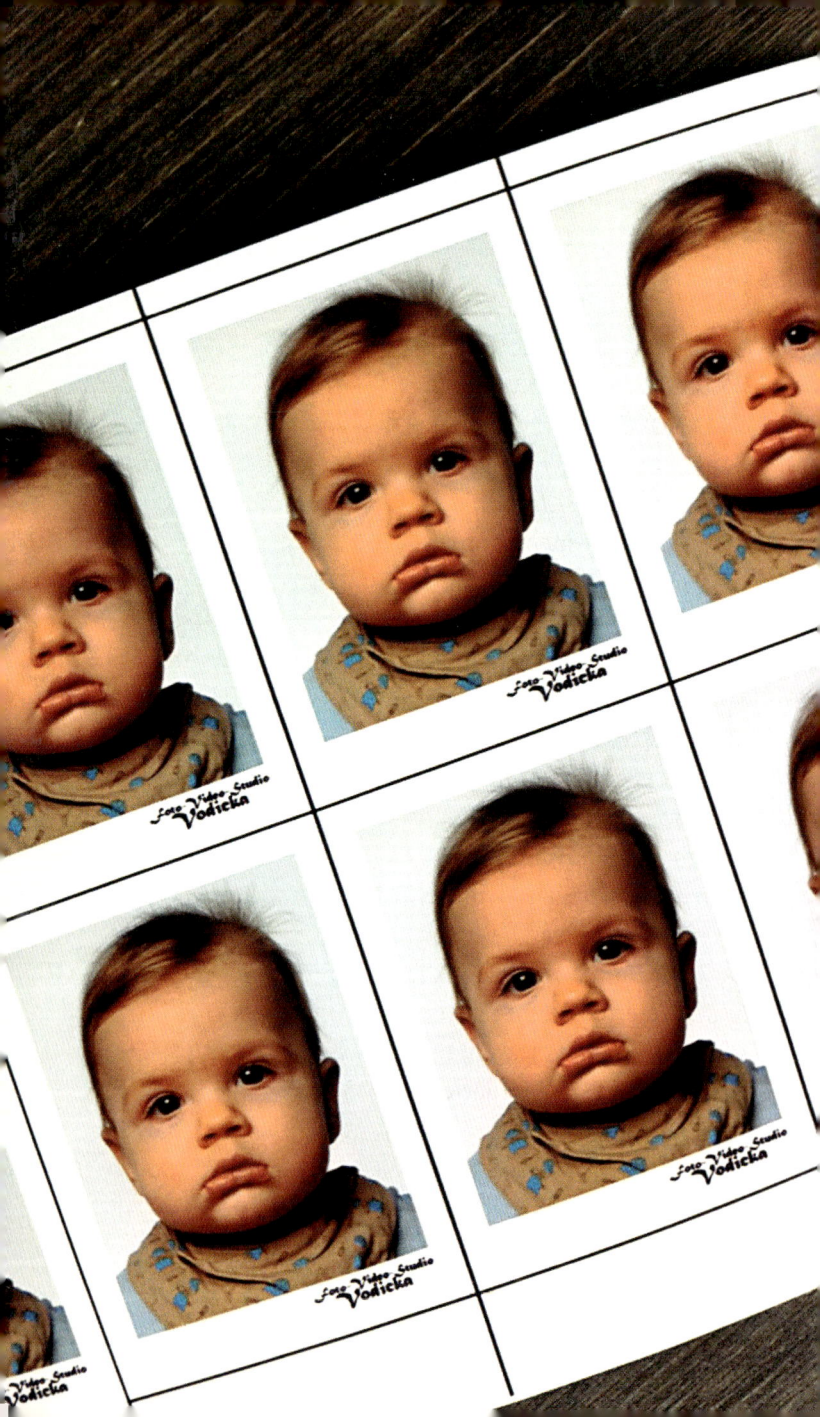

Nimm ein Kind an die Hand und lass dich führen. Es wird dich in eine Welt entführen, die du schon längst vergessen hast.

Ein Sprichwort, sicher ein chinesisches

Prolog
Warum es vollkommen egal ist, dass sich das Kind nicht an eine Reise erinnern wird

Schade, dass er sich nicht daran erinnern wird. Ich konnte den Satz nicht mehr hören. Das ganze Gespräch darum nervte. Auf »Ich fliege mit Valentin ans Meer« antworteten Freunde und Bekannte: »Na geh, schade, dass er das später nicht mehr wissen wird.« »Ich fahre mit ihm nach Madrid« – »Ein Pech, dass er nichts von der Stadt mitbekommen wird.« Ich erzählte von Reisen mit dem damals etwa einjährigen Dauerentdecker, Berg, Wüste, Schiff, Rad, wasauchimmer – schade, schade, Pech, Pech, Erinnerung, Erinnerung.

Das Problem an dem Satz: Er ist Unsinn. Aus drei Gründen. Erstens: Dieser Logik folgend sollten wir Kinder bis zum merkfähigen Alter von drei oder vier Jahren in gepolsterte Zimmer sperren und nur grundversorgen. Wozu ein Buch vorlesen, merkt sich ja eh nix, das Kind. Wozu Bausteine, Tiergärten und Babytanzen, wenn das ignorante Krabbelwesen nur an Steckdosen interessiert ist. *Schade, dass er sich nicht daran erinnern wird* haben Jungeltern ausgesprochen, die mit ihrem Spross wöchentlich zur Babymassage (!) gingen – weil Berührung der

Haut, weil frühkindliche Prägung, weil blablabla. Und der Sand in Jordaniens Wüste? Der salzige Nordwind an Dänemarks Küste? Die Gerüche exotischer Früchte auf den Märkten von Amman?

Wer ein Baby versorgt, weiß, dass im Leben anfangs nichts von Dauer ist. Jede Windel ist bald wieder voll, jeder Säuglingswamst bald wieder leer. Aber alles ist ein kleiner Schritt zum großen Sein. Alles dient der Entwicklung, der Prägung, und wieso sollen gerade fremde Städte, Länder und Welten das nicht tun? Johann Nestroy hat gesagt: »In den ersten Lebensjahren eines Kindes bringen ihm die Eltern Gehen und Sprechen bei …« – da kann man das Reisen dazuzählen. Beendet hat er den Satz mit »… in den späteren verlangen sie dann, dass es stillsitzt und den Mund hält«. Dazu zähle ich das Nichtreisen.

Zweitens wurde ich jenen gegenüber misstrauisch, die mir *den Satz* entgegenschleuderten. Warum reisen die überhaupt? Was ist Reisen? Ist es nicht der salzige Geschmack im Mund, wenn man zu lange auf die Brandung geschaut hat? Das Brennen in den Augen, wenn der Sonnenuntergang sich dem Ende zuneigt? Die erste mexikanische Delikatessen-Heuschrecke zwischen den Zähnen, die erste vergorene Stutenmilch in den Bergen Kirgistans? Berichten wir nicht genau diese Erlebnisse den Daheimgebliebenen? Wir stellen uns hin, mit glänzenden Augen, und sagen: »Dieses Bistro, gleich ums Eck vom Eiffelturm, haben wir entdeckt, das war umwerfend.« Der Satz »Und da waren wir auf dem Eiffelturm« garniert bestenfalls die Parodie einer Diashow. Wir reisen für den Moment, nicht für die bloße Erinnerung. Es ist eine grundsätzliche Frage, die man sich stellen muss.

Man soll Menschen nicht einteilen, aber ich teile sie in Reisende und Urlauber. Oder anders: Ich teile das Wegfahren in Reisen und in Urlaube. Nun mag die Erinnerung bei Urlauben ein epochaler Bestandteil sein, Urlaub dient ja neben der Erholung auch dem Neid, im Büro, bei Verwandten und Freunden. Da werden Poolliege und Frühstücksbuffet zu Sights, wer gibt schon mit dem Kellerbistro an, in dem man die besten Froschschenkel bekommt?

Es wäre also klug, sich der Frage zu stellen, wofür man reist. Um die Bilder ins Album zu bekommen oder ins Herz? Lustiges Paradoxon: Urlauber fotografieren zwar Sehenswürdigkeiten, schreiben auf Postkarten aber, wie Einheimische, Essen und Wetter sind. Erinnerung versus Gefühl. Kinder verbinden das, sie nehmen Kulturen über Menschen und Momente wahr, nicht über Geschichtsbücher.

Aber bezogen auf *Schade, dass er sich nicht daran erinnern wird* ist selbst dieser Unterschied egal. Das Kind reist nämlich auch im Urlaub. Es klettert auf eine fremde Strandliege genauso wie auf eine antike Säule. Für das Kind ist beides wie ein Kellerbistro.

Drittens: zu den »Reisenden«. Jene, die in jungen Jahren Backpacker waren und in mittleren Jahren noch immer etwas erkunden wollen, die sich einlassen auf das Land und dessen Leute, die eine Nacht im Mehrbettzimmer noch immer wegstecken, wenn es sich lohnt. Die als Erwachsene noch immer die All-inclusive-Komfortzone

verlassen, um auf den höchsten Berg der griechischen Urlaubsinsel zu steigen. Menschen, die für erfülltes Fortsein einen Erkenntnisgewinn brauchen, der über den Clubtanz hinausgeht. Die nicht »endlich einmal liegen und ausruhen«, sondern »endlich einmal aufrecht gehen und wach sein« wollen.

Das Drama ist: Sogar manche von diesen sagen *Schade, dass er sich nicht daran erinnern wird.*

Mir ist bis heute nicht klar, warum Menschen ihr Reiseverhalten ändern, wenn sie Eltern werden. Sie tauschen Rucksack gegen Koffer und abgelegene Pfade gegen ausgetretene Adriastrände. Sie wählen ihr Quartier plötzlich nach der Nähe zum Krankenhaus, assoziieren Sonne nicht mehr mit Auf- und Untergang, sondern mit Gefahr, vor der es sich zu schützen gilt: Hutkrempen in Übergröße mit Nackenlappen, Sonnenbrillen wie Autoscheinwerfer und Sonnencremen wie Dispersionsfarbe – unfassbar, was sich die Babyschutzindustrie einfallen lässt. Die Früher-Reisende-jetzt-Urlaubseltern empfinden Entdeckungen als gefährlich und Unplanbares als russisches Roulette. Sie werden zu jenen »anderen«, die ihnen immer fremd waren. Trotzdem machen sie sich so inbrünstig über Helikoptereltern lustig, dass sie vollkommen übersehen, wie sehr sie über ihren eigenen Kindern kreisen. Zwischen »Man muss Kindern ja Freiräume geben« und »Schatzi, nicht in den Sand greifen, da haben die Krebse Lulu gemacht« passt oft nicht einmal ein Atemzug. Wo kann man Selbstreflexion eigentlich abschalten?

Schade, dass sich die Kinder *daran* nicht erinnern werden, wenn sie Kinder haben.

Ich kann mir dieses Verhalten nur damit erklären, dass heute zwar fast alle ein Kind wollen, aber erst »irgendwann«. »Irgendwann« sei, sagen sie auf Nachfrage, nach »Karriere/etwas aufbauen« und »noch ganz viel reisen«. Das geht sich bis »irgendwann« eh nie aus, weil die Karriere einem nie mehr als zwei Wochen am Stück freigibt. Aber doch reicht es, um die Überzeugung zu festigen, dass pränatales und postnatales Reisen sich grundsätzlich voneinander unterscheiden müssen. Peru-Rundreise mit Höhepunkt Machu Picchu davor, Jesolo-Woche mit Highlight Rieseneisbecher danach.

Das ist Unsinn. Weil Kinder nicht nur kein Problem beim Reisen sind, oder sagen wir, nicht mehr als ein eingewachsener Zehennagel: Auf den muss man bei der Planung auch Rücksicht nehmen und das große Annapurna-Trekking wird man vielleicht auf die Zeit nach der Heilung verschieben. Kinder sind sogar besser als der Zehennagel: Sie sind die besseren Reisenden. Weil sie nicht eine Liste von Sehenswürdigkeiten abarbeiten, die ohnehin aussehen wie die Bilder in unseren Köpfen. Sie denken sich in Pisa nicht »Der Turm ist ja wirklich schief« und in New York nicht »Bumm, ist die Statue klein«. Sie erwarten nichts, sie erleben es. Nehmen Gerüche auf, Klänge, das Gesicht eines Fremden, den Geschmack einer Speise. Sie reisen im Moment und für das Gefühl. Von Gefühlen kann man noch zehren, wenn Urlaubsfotos in Schubladen und auf Festplatten verrotten.

Denn ganz ehrlich: Wenn ich nach Ihrem schönsten Reisemoment frage, müssen Sie da im Album nachschauen?

Wer zeigt wem die Welt?

Der aufmerksame Leser merkt: Ich glaube, mit Kindern kann man sehr gut reisen. Diesen Verdacht hege ich spätestens seit meiner einjährigen Weltreise, auf der mir glückliche Eltern-Kind-Einheiten begegnet sind. Mein persönliches Reisen mit Kind begann Anfang des Jahres 2014: Sohn Valentin wurde elf Monate alt, ich übernahm die Karenzstaffel. Ein Mann für ein Jahr in Karenz, das fand mein Arbeitgeber interessant. Und weil dieser Arbeitgeber eine Tageszeitung ist, kam die Idee einer Vaterkolumne auf. Aber unter uns modernen Menschen: Man darf heutzutage nicht einmal mehr so tun, als ob Väter in Karenz eine Besonderheit wären. Eine Seltenheit, ja. Aber besonders ist nix daran. Ich sagte, machen wir etwas über das Reisen mit Kindern, da gibt es noch immer große Missverständnisse. Also beschlossen wir eine monatliche Serie. Und ich startete mein Karenzjahr mit dem Vorsatz, der lesenden Elternschaft darzulegen, dass Kleinkinder sehr wohl etwas vom Reisen mitnehmen. Und mit der Gewissheit, Valentin ein bisschen die Welt zu zeigen.

Letztendlich zeigte er sie mir. Aber so schlau war ich am Anfang noch nicht.

Zwölf erste Trips. Zwölf Destinationen sollten es sein, möglichst vielfältig und bunt. Meine Pläne überschlugen sich: Eine kleine Weitwanderung müsste dabei sein, ein Städtetrip, das grauenhafte Getümmel eines Kinderhotels und natürlich der erste Schnee. Und Zentralasien, ach, wie schön ist Kirgistan, vielleicht schaffen wir es nach Afrika. Reisen beginnt immer mit der Infektion, dann

Umstieg in Innsbruck: mäßiges Sandwich mit viel Lachen. Reisen besteht aus ungeplanten, guten Momenten.

übernimmt die Besessenheit das Kommando. Ab diesem Moment saugt man aus allen Quellen Berichte und Informationen über die Wunschdestination.

Ich wälzte Reiseziele und -abenteuer, verwarf vieles und nahm Neues auf die Liste. Schlussendlich wurde es eine absurde Mischung von Schokolademassage und Städtetour bis Kamelritt und Hummeressen in Saint-Tropez. Von Banalem wie Kleinkindertherme und Cluburlaub bis zu Außergewöhnlichem wie Radreise und Wohnmobil. Von nah bis Jordanien, von Küste bis Berg, von Spätherbst am Meer bis Sommer auf dem Kreuzfahrtschiff.

Dieses Buch ist ein Plädoyer für das Reisen mit Kind.

Ja, dieses Plädoyer braucht es. Denn Kinder sind nicht

nur kein Problem beim Reisen. Ich behaupte, es ist sogar ein wesentlicher Bestandteil ihrer Entwicklung. Wie Bischof Augustinus von Hippo vor 1600 Jahren sagte: »Die Welt ist ein Buch. Wer nie reist, sieht nur eine Seite davon.« Nichtreisen macht einseitig. Reisen daher also vielseitig, es schult die Fähigkeit, über den eigenen Tellerrand zu blicken, hinaus in die weite Welt. Demnach hätten Eltern sogar die moralische Verpflichtung, mit ihren Kindern zu reisen. Oder, wie Goethe formuliert hat: »Zwei Dinge sollen Kinder von ihren Eltern bekommen: Wurzeln und Flügel.«

Die Faszination des Reisens liegt darin, hinter jede Ecke zu schauen. Die ständige Erweiterung der eigenen Grenzen fordern Kinder von Beginn an ein, wenn sie zuerst auf dem Rücken herumkugeln wie der Kafka'sche Käfer, dann langsam zur Seite greifen, sich umdrehen, in die Krabbelposition gehen, aus dem vertrauten Zimmer hinaus, weiter ins Vorzimmer, dann überallhin, bis die Eltern sie aus den Augen verlieren. Sie wollen auf und in alles schauen, vom Blumentopf bis zum Mistkübel. Erforschen liegt in unserer frühkindlichen Natur. Es ist ein Talent, das viele beim Wachsen verkümmern lassen und gegen die Liebe zum Gartenzaun eintauschen. Bis hin zur »Neophobie«, der Angst und Skepsis vor Neuem, die laut Wissenschaft sogar die Lebensdauer verkürzt, obwohl es doch angeblich im vertrauten Schrebergarten am sichersten wäre. Nein, die Neugier hält uns am Leben, und Kinder zeigen mit atemberaubendem Eifer vor, wie man die Welt entdeckt.

Auf einer Weltreise schärft sich der Blick dafür, wie Menschen das Reisen erleben. Es dauert nicht lange, bis man gerne die Zuschauerposition in der zweiten Reihe einnimmt. Hinter den Frontaltouristen, die im Kampf um das beste Foto einer ohnehin bekannten Sehenswürdigkeit hemmungslos die Ellenbogen ausfahren. Sie inhalieren Orte nicht, sie halten sie fest. Nach einiger Zeit braucht man Pause von ihnen und biegt vom Trampelpfad ab. Zum Beispiel in Peru: Ich fuhr mit dem ersten Bus nach Machu Picchu hinauf, das muss man so machen, sagen alle, sagt Lonely Planet. Dann machen alle ihre Fotos von den exakt gleichen Punkten aus. Suchen Sie im Internet einmal danach, neun von zehn haben die gleiche Perspektive, verblüffend. Nach den Bildern rennen die meisten auf den Gipfel Wayna Picchu. Im Gänsemarsch. Mir war nicht nach Gänsemarsch, das gewöhnt man sich bald ab. Ich ging also ums Eck, dort liegt die Inka-Brücke, eine weitere Sehenswürdigkeit der Anlage, die aber kaum einer beachtet. Einheimische Wegarbeiter machten dort gerade Pause. Und boten mir die ersten Kokablätter meines Lebens zum Kauen an. Das Gespräch holperte gewaltig, aber der Moment war entspannt, er war es wert. (Die Erfahrung, Kokablätter zu kauen, übrigens nicht.)

Oder in Mexiko: Meine Freundin und ich hatten genug von Backpackerparadiesen. Also entschieden wir, in jenen Strandort zu fahren, über den Lonely Planet – die vermaledeite Bibel der uniformen Individualreisenden – am wenigsten schrieb. Puerto Arista wird in nur sieben Zeilen erwähnt. Das wunderbare Puerto Arista!

Valentin brauchte auf all unseren Reisen keine Zeilenkontrolle, um gute Orte zu finden. In Petra blieb er nach Besichtigung der dritten Felshöhle ansatzlos stehen, blickte kurz auf die alte Staubstraße und ließ sich auf den Hintern fallen. Griff zu zwei Steinen, schob sie durch den Dreck, schaute seinen Vater an und sagte: »Atoooo!« Er dachte nicht ans Weitergehen, die steinernen Ersatzspielautos waren ihm näher als hundert weitere Steinfassaden der jordanischen Hauptsehenswürdigkeit. Ich setzte mich ebenfalls in den Dreck. Und hatte endlich die Ruhe, die umwerfende Gesamtkulisse wirken zu lassen. Valentin verbrachte auch eine gute Zeit mit einem der einheimischen Buben, deren Esel fußmarode Touristen schleppen.

Auf den zwölf ersten Reisen, und seitdem noch auf vielen mehr, sagte ich keinen Satz öfter zu mir als »Der Reisende sieht, was er sieht. Der Tourist sieht das, weswegen er gekommen ist.« (Gilbert Keith Chesterton) Wo

Erwachsene gelegentlich Faszination zusammenkratzen, sind Kinder neugierig und zugleich unbeeindruckt, wenn es nicht zur Überwältigung reicht. Sie wenden sich ohne peinliche Annäherung den Menschen zu und öffnen so Türen, hinter denen jene Gespräche warten, die jeder Reisende sucht.

Mit anderen Worten: Mich alleine hätte der Beduine im Wadi Rum nie am Tag des islamischen Fastenbrechens in sein Haus eingeladen. Die Einladung zum traditionellen Frühstück – vergleichbar mit einem Brunch am Christtag – wurde zwar an die ganze Familie ausgesprochen, galt aber eigentlich Valentin. Zu Recht. Denn als wir mit dem Beduinen und seinen Söhnen zusammensaßen und die Innereien des gerade geschlachteten Lam-

Zugfahren: Tausende Eindrücke für ein Kind (links)
Wer reist, packt an: Valentin am Bodensee (rechts)

mes, sagen wir, speisten, schob nur Valentin unvoreingenommen jedes Stück in den Mund. Der Beduine lächelte ihn an und sagte etwas Arabisches. Valentins Antwort war ebenfalls unverständlich, und so entstand ein Gespräch, dem niemand anderer folgen konnte.

Ich saß da, würgte an den Eingeweiden und bewunderte meinen neunzehn Monate alten Sohn. Vielleicht zum ersten Mal. Ich erkannte, wer hier wen führt. Kinder erinnern uns daran, was wir Reisenden gemeinsam mit dem Rucksack in den Kasten geräumt haben.

Reisen mit Kleinkind ist nicht nur kein Problem. Und nicht nur eine erzieherische Notwendigkeit. Es bereichert.

Ein junges amerikanisches Paar hat mir das schon im Jahr 2009 vermittelt. Sie ruhten sich wie ich im Garten einer sehr gemütlichen Unterkunft in Arequipa, Peru, aus. Ich nutzte die Reisepause für Langeweile, sie spielten im Gras mit ihrer fünfzehn Monate alten Tochter Rose. Die beiden lächelten permanent, und wenn dich jemand ständig anlächelt, entkommst du dem Gespräch nicht. Sie hatten Haus und Auto verkauft, ihre Jobs quittiert und entdeckten schon seit zwei Monaten mit Rose Südamerika. Das war damals sogar mir zu abenteuerlich. Ich stellte Fragen, über die ich heute schmunzeln muss, medizinische Versorgung, Sicherheit, Existenzangst. Sie antworteten mit Geschichten von bunten Märkten, wo die Kleine an Früchten roch und Stoffe angriff. Die beiden Amis hatten viele Reisen hinter sich. Und behaupteten trotzdem, die Welt erst wirklich zu sehen, seit sie sie durch die Augen ihrer Tochter betrachteten.

Heute verstehe ich die beiden. Reisen mit Kind beginnt endlich wieder dort, wo Reisen immer beginnen sollte: vor der eigenen Haustür. Nicht erst, »wenn man endlich dort ist«. Valentins erste große Reise begann genau so, er acht Monate alt, unanständig früher Flug, der Flughafen leer. Hinter dem Gepäcksröntgen hatte ich Valentin auf dem Arm. Gürtel wieder rein, Laptop verstauen, da braucht man zwei Hände. Also setzte ich den Bub in eine der grauen Kisten, und er rollte gemächlich das Band entlang. Die grimmigen Sicherheitsleute lachten, seine Mutter schoss Valentins erstes Urlaubsfoto.

Beim Reisen mit meinem Sohn habe ich Erfahrungen gesammelt, die ich Ihnen als Besserwisser nicht vorenthalten will – am Ende jedes Kapitels und im Epilog. Die folgenden Erzählungen von Valentins Reisen sollen Inspiration sein, sie sollen Angst nehmen und helfen, die eigene Reiseliebe zu entdecken – und die des Kindes. In der gemeinsamen Reise sollen sich alle wiederfinden. Und wenn es gelingt, in sich und den Nachwuchs hineinzuhorchen und eine solch schöne gemeinsame Reise zu finden, wird sie auch den heimischen Alltag befruchten. Unterwegs entdeckt man oft, wie sinnlos einige Regeln sind. Wie leicht manches geht, wenn die Grundbedürfnisse im Mittelpunkt stehen und man sich nicht in krampfhafter Erziehung versucht. Wie lächerlich die Kür manchmal neben dem puren Leben aussieht.

Oder, wie Francis Bacon es nannte: »Reisen ist in der Jugend ein Teil der Erziehung, im Alter ein Teil der Erfahrung.«

Dänemark
Seeland:
Odsherred
Kopenhagen

*Darum liebe ich die Kinder, weil sie die
Welt und sich selbst noch im schönen
Zauberspiegel ihrer Phantasie sehen.*

Theodor Storm, deutscher Schriftsteller,
19. Jahrhundert

Fisch und Feuer
Im Winter zum einsamen Meer:
Warum ein Ofen sehenswert ist

Valentin macht seine erste Reise mit acht Monaten. Die erste Reise muss ans Meer gehen, finde ich. Natürlich muss sie das nicht, es steht ja nirgendwo geschrieben, aber das Meer hat für uns Binnenlandbewohner vieles, was das Reisen ausmacht. In Österreich stellt man sich die Frage selten, was hinter dem Horizont liegt; dort liegt immer das nächste Tal, die nächste Stadt, kennt man sich aus. Das Meer ist weit und diese Weite ist unbekannt.

Zugleich ist es tief, und diese Tiefe wirkt bedrohlich. Reisen tut eine kleine Portion Adrenalin gut, und das Meer hat ein unendliches Potenzial, man weiß nie, was da unten ist. Am Strand zu sitzen, die Füße im warmen Sand, und frischen Fisch zu essen, den Blick auf die unberechenbare Wassermasse gerichtet, das ist eine Mischung aus Gefahr und Romantik wie in James-Bond-Filmen.

Odsherred ist trotz Meer ungefährlich. Ich habe für die Reise ein abgelegenes Sommerhäuschen erkoren. Eigentlich liegt es in einer Zusammenrottung kleiner Sommerhäuschen, und die Zusammenrottung ist abgelegen, in einem Waldstück am Meer. Die einzige Gefahr in dem Häuschen ist, dass der Ofen ausgeht. Im November braucht man an Dänemarks Küste einen Ofen, der wärmt.

Es wäre auch nicht falsch, mit einem Meeresdebütanten in den Süden zu reisen, dem Sommer nachzufahren. Aber es ist spannend, das Meer von seiner nordischen Seite kennenzulernen, wenn es in Wellen kommt und dir kalt ins Gesicht spritzt. Schnupfen statt Sonnenbrand und sich in einer verlassenen Sommerhäuschensiedlung zu verschanzen, der Gedanke hat mir gefallen.

Und der Moment des Ankommens gibt mir recht: Alle Nachbarhäuschen sind verlassen und für den Winter verriegelt, im Sommer muss es hier wimmeln. Jetzt stehen nur die hohen Bäume zwischen den Häuschen, eigentlich nur die Stämme, denn das Baumhafte ist über den Häuschen, das Laub bietet der Siedlung ein löchriges Dach. Die nackten Baumstämme bieten derweil löchrige Grenzen zwischen den Grundstücken der Häuschen, und ich erwarte jeden Moment, dass eine finstere Wallander-Figur hinter einem Stamm hervortritt. Das Meer liegt nur hundert Meter entfernt, aber es sind bewaldete hundert Meter. Meeresrauschen ist noch eindrucksvoller, wenn man das Meer nicht sieht.

Die Stimmung ist wunderbar. Beeindruckend, auch für ein Kleinkind. Einem acht Monate alten Bub gefällt ein Sommerhaus auch im November. So habe ich mir das vorgestellt.

Der kurz- und grauhaarige Eigentümer des Ferienhauses versteht das nicht. Gleich bei der Begrüßung platzt er heraus: »Warum mieten Sie ein Sommerhaus im Winter?«

Ich deute auf Valentin, der hinter der Scheibe des Mietautos schläft. »Wir wollen uns im Haus verkriechen, Zeit für uns. Für die Familie.«

Peer schüttelt den Kopf. Ich erspare ihm und mir eine Brandrede über Cocooning, diesen Trend des Zurückziehens, des Einmummens daheim, des Freizeit-nicht-mehr-mit-Programm-Vollstopfens. Das haben Menschen zwar immer schon gemacht, einem ganz natürlichen Verlangen folgend: die Geborgenheit des Mutterleibs, später das Biedermeier, vor fünfzig Jahren das Glück der eigenen vier Wände. Aber jetzt ist es ein Trend, hieß erst Entschleunigung und aktuell eben Cocooning, englisch für den Kokon, in den man sich schmiegt. So schließt sich der Kreis zum Mutterleib. Im Reisejargon sagt man »Urlaub in Balkonien«, der ist den Menschen aber doch zu überschaubar, also mietet man sich ein Häuschen und spielt dort Alltag mit Benefits.

Peer lächelt freundlich, vielleicht weil ich ihm die Belehrung erspare. Überhaupt lächeln die Dänen immer freundlich. Peer sperrt die Türe auf und führt durch das Häuschen, das von innen wie ein Haus aussieht. Helle Hölzer, Laminat, schlichte Linien unterbrochen von verspielten Armaturen und üppigen Sofas – Urlaub im IKEA-Prospekt. Wir werden einheizen und uns hier wohlfühlen.

Als Valentin erwacht, kennt er sich nicht aus. Ich hebe ihn aus dem Wagen und halte ihn in die herbstliche Brise.

Er schaut, lächelt aber nicht, Valentin ist weder Däne noch passt ein Lächeln in diese Nebelstimmung ohne Nebel. Wir gehen hinein, er sieht Peer und scheint sein Gesicht zu mögen. Will es angreifen, weil man in dem Alter alles angreifen will. Das geht dem Lächelnden doch zu weit, und schon sieht man die charmante nordische Mischung aus Nähe und Distanz. Freundlich bis zum Umfallen, aber nur bis hier und nicht weiter. Bei den Engländern ist dieser Charakterzug besonders ausgeprägt (antworten Sie einmal auf die floskelhafte Begrüßung »How are you« mit »I feel like a piece of shit«). Monate später, in Italien oder Jordanien oder Griechenland darf Valentin jedem älteren Mann im Gesicht herumfahren, so unterschiedlich sind die Menschen, und es ist gut, dass der Zwerg das erlebt.

Peer reagiert mit Information: »Odsherred ist eine Sommerfrische-Region, und zu dieser Jahreszeit sind Sie hier alleine.« Mit einem Anflug von Mitleid setzt er fort:

»Aber wenigstens ist das Wetter für die kommenden Tage gut angesagt.«

»Ja eh«, könnte ich sagen, aber ich spare Peer auch das und frage stattdessen nach dem besten Platz, das Meer zu erleben.

»Schwimmen geht jetzt nicht.« Peer erspart mir nichts. »Aber am Ende der Landzunge bei Sjællands Odde ist ein Parkplatz, da ist man gleich am Meer und dort lässt es sich wunderbar spazieren.«

»Gibt es auf dem Weg dorthin einen Supermarkt? Wir brauchen einiges.«

»Keinen Supermarkt, aber den größten Fischmarkt der Region, in Odden Havn«, sagt Peer. Nachsatz: »Ich weiß aber nicht, ob er derzeit noch offen hat. Ein paar Stunden bestimmt, aber nicht den ganzen Tag.« Er nimmt die Mappe, die er unter dem Arm trägt, zur Hand und holt einen Plan von der Region heraus: »Wir sind hier«, er markiert »Veddinge Strand« bei »Svellebakken«. »Die

nächste Stadt ist Høve, aber Vig, hier, ist größer.« Peer schaut auf den Schwedenofen, auf Valentin und wieder zu mir. »Im SuperBrugsen in Vig sind übrigens gerade die Briketts in Aktion.«

Wir lächeln beide.

»Sehr gut essen kann man auch im Schloss Dragsholm. Das ist gleich hier ums Eck, wirklich zu empfehlen. Und dort muss man derzeit nicht reservieren.«

Wir wickeln noch die Formalitäten ab – Stromzähler, Sicherungen, Notfallnummer –, und Peer verabschiedet sich. Mir scheint, er will hier weg, ich verstehe das. Wenn man einen solchen Ort vom Sommer kennt, wirkt er im Spätherbst desolat.

Als Reisender erlebt man Orte in einer Momentaufnahme und sieht deshalb oft einen verdeckten Zauber. Ich heize den Ofen an. Valentin macht Bekanntschaft mit offenem Feuer. Er sitzt auf dem Sessel und starrt auf das Glasfenster am Ofen, hinter dem es lodert. Ich starre auf ihn. Natürlich, er müsste die Faszination des Feuers nicht anhand eines dänischen Schwedenofens kennenlernen. Aber zu Hause hat er keinen, und reist man nicht, um Unbekanntes zu entdecken? Die Antwort auf die Frage, was Kinder von Reisen mitbekommen sollen, beantworte ich ab jetzt mit dem Bild von Valentin vor dem Schwedenofen.

Die Region Odsherred ist groß genug, um sie zwei oder drei Tage lang zu erkunden. Saubere Küsten und Strände wechseln sich mit pittoresken Häusern und Dörfern ab, es ist einfach, aber charmant. In Odsherred ist besonders die Vogelbeobachtung populär, auch Freunde von flachen Küstenwanderungen pilgern hierher. Im Sommer gibt es jede Menge Sportaktivitäten, der recht bekannte Zoo ist geöffnet, ebenso die wunderbaren Freibäder und Mittel-alter-Events. Wikinger-Reminiszenzen sind hier ganz groß im Kurs. Zugleich beeindruckt die Gegend selbst Menschen wie mich, die das Land spöttisch »Gähne-mark« nennen. In Odsherred überhöht sich diese Eintö-nigkeit zum Stilelement.

Besonders im November. Da kann man in der Fuß-gängerzone der Provinzhauptstadt Nykøbing mit dem Kinderwagen große Schleifen fahren, absurde Wege, die Insasse Valentin zum Glucksen bringen. Im Sommer sei hier alles voll, erklärt mir eine ältere Dame, aber mit dem Herbst ziehen sich die Gäste wieder in die Städte zurück. Was bleibt, ist der Platz. Und ein paar offene Geschäfte.

Und Peer hat recht. Tatsächlich kann man um diese Jahreszeit das Auto am Ende der Landzunge bei Sjællands Odde auf dem Parkplatz in der Mitte quer abstellen, man ist niemandem im Weg. Der Parkplatz liegt hinter einer Düne, und kaum steigt man aus dem Wagen, hört man das eindrucksvolle, unsichtbare Meeresrauschen. Ich packe Valentin in die Bauchtrage, das geht sich bei einem beleibten Vater und einem Sohn an der Obergrenze der Wachstumstabelle gerade mal so aus, und gehe auf die Düne zu. Es ist immer wieder ein besonderer Moment, das erste Mal das Meer zu sehen. Zum Beispiel im Auto auf dem Weg nach Kroatien, wenn man weiß, hinter die-ser Kurve, oder hinter der nächsten, da wird der erste

Blick auf das Meer möglich sein. Kindsköpfe wie ich spielen sogar »Wer sieht das Meer zuerst?«.

Über die Düne geht man schon im Sand. Die Freude ist noch größer, wenn man weiß, der Nachwuchs wird in wenigen Minuten zum ersten Mal das Meer sehen. Der Weg zieht sich, Valentin ist schwer, die Düne ist steil und der Sand ist herbstfeucht. Als das weite Blau endlich auftaucht, schnaufe ich und grinse unbewusst. Sofort überprüfe ich Valentins Reaktion. Er hat die Augen geschlossen, atmet tief und schläft. Weil er so beeindruckt vom Meeresrauschen ist, denke ich es mir schön.

Irgendwann wacht er auf. Er schaut wieder mit dem Blick des Ungläubigen. Was soll das hier? Es ist kalt im Gesicht. Es ist eng an Papas Bauch. Ich setze uns beide auf den Boden, bei den hohen Gräsern. Valentin spielt damit. Zwischendurch immer wieder ein Blick auf das Blau. Ich glaube, dass ihn die gerade Linie am Horizont irritiert. Plötzlich krabbelt er darauf zu, mit dem Fleeceoverall durch den nassen Sand, völlig egal, auf die Steine und das Meer zu. Verrottete Algen kleben an ihm, ich danke, dass er sie nicht isst, der Rest ist unwichtig. Und als Valentin dem Vater die Freude macht, auf einem Fels im Stile der kleinen Meerjungfrau zu posieren, grinsen Sohn, Vater und Sonne um die Wette.

Antizyklisches Reisen bringt den Vorteil, dass man Orte nur für sich hat, die man sonst teilen muss. Ebenso die Menschen an diesen Orten. Hinter der Theke des Fischmarktes in Odden Havn, nahe Sjællands Odde, steht eine Verkäuferin wie im Buche: wohlgenährt, mit

geröteten Backen und blondem Haar. Über der Schürze trägt sie ein dickes, ärmelloses Jackett, es ist kalt in der Halle.

»Im Sommer stehen die Leute hier an, bis hinaus auf den Vorplatz, wissen Sie. Die stehen bis da draußen zum Fahnenmast.« Jetzt ist nicht einmal eine Fahne aufgezogen. Sie deutet auf den Sohn. »Wie heißt er denn?«

»Valentin. Er ist acht Monate alt. Das ist seine erste große Reise.«

»Und da kommen Sie hierher zu uns. Das ist schön.« Natürlich lächelt sie. »Was darf es sein?«

Ich blicke an dem meterlangen Angebot entlang. Und merke, dass ich nicht wesentlich mehr Fische mit Namen kenne als der Fischmarktnovize im Kinderwagen. Die Verkäuferin beugt sich über den Tresen, deutet bereitwillig auf einen Fisch nach dem anderen und erklärt.

Wie die Fische heißen, wie man sie zubereitet, exotische Infos für einen Binnenländer. Sie hat Zeit. Bei einem besonders großen Tier rührt sich Valentin. Er streckt die Hand aus, reicht aber nicht bis zu den riesigen Fischaugen im Kopf des Seeungeheuers. Und macht seine dritte erste Bekanntschaft: nach dem Feuer und dem Meer der Fisch.

»Na, der ist dir aber noch eine Nummer zu groß«, sagt die Verkäuferin und gewinnt tatsächlich Valentins Aufmerksamkeit. Sie erklärt ihm allerlei über den Riesenfisch und gibt ihm etwas zu essen in die Hand, das aussieht wie ein kleines Fleischlaberl und zum Teil aus diesem Fisch gemacht ist. Valentin kostet die erste »Fisch-Frikadelle« seines Lebens.

Seeland ist die größte der über 1400 relevanten dänischen Inseln – daneben gibt es noch unzählige Felsen, die irgendwo aus dem Wasser ragen. Selbst von diesen Inseln hat nur gut ein Drittel einen Namen und nur 75 davon sind bewohnt. Apropos Bewohner: Auf Seeland lebt fast die Hälfte aller Dänen, die Insel ist 7000 Quadratkilometer groß, von einem Ende zum anderen braucht man mit dem Auto bis zu zwei Stunden. Odsherred liegt in der nördlichen Mitte und ist damit weit genug von der Hauptstadt Kopenhagen entfernt, um sich zurückzuziehen. Wie übrigens auch von Roskilde, der ehemaligen Königsstadt mit besonderem Bezug zur Wikingerzeit, in der sich ein Stopp mit größeren Kleinen schon wegen des Wikingerschiffsmuseums lohnt. Aber auch wegen des familiären Charmes der ehemaligen Hauptstadt.

Odsherred liegt nahe genug an Kopenhagen, um einen Tagesausflug zu unternehmen. In einer guten Stunde ist man dort, meistens in nur fünfzig Minuten, es geht auch in fünfunddreißig, wozu es allerdings eines schnittigen Mietwagens bedarf und eines Kleinkinds auf der Rückbank, um dänische Polizisten von der Führerscheinabnahme abzubringen. Polizisten sind übrigens die Ausnahme der immer lächelnden Dänen.

Ich nenne Kopenhagen analog zum Spottnamen für das Land gerne Kopenfaden, aber weil ich dafür meist Kritik ernte, werde ich das hier nicht tun. Sagen wir lieber: unaufgeregt und übersichtlich. Das lohnt sich beim Bereisen mit dem Nachwuchs mehrfach: Man kommt mit dem Auto bis an den Stadtkern und kann die Besichtigung – großteils – zu Fuß erledigen. Was zu einem wichtigen Punkt führt: Kinderwägen sind beim Sightseeing aus drei Gründen wertvolle Begleiter: Kind, Stauraum und Vorrang. Nicht nur, dass Valentin schlafen und staunen kann, wann er möchte, es muss auch kein Elternteil einen Rucksack mit sich schleppen, denn Rucksäcke werden schwer, wenn Babysachen darin verstaut werden müssen. Und auch wenn man den Kinderwagen auf Reisen an manchen Stellen hinauf- oder hinunterheben muss, darf man meistens die Spezial-Warteschlange oder den Extra-Aufzug benutzen.

In Kopenhagen ist das Manövrieren eines Kinderwagens einfach: Die Menschen weichen aus, und die Gehsteige sind breit. Breit sind auch die Kinderwägen, da haben Dänen eine andere Philosophie: Kinder sitzen hier bis zum Alter von drei Jahren in den Riesenwannen, dafür parkt das Monstrum immer vor der Tür. Man merkt auch daran, dass die Dänen wie die meisten Nordischen einen recht unverkrampften Umgang mit Kindern haben.

Nach dem dritten Café, in dem man uns bittet, den Kinderwagen draußen zu lassen, vertrauen wir dem System. Das pittoreske Nyhavn mit seinen bunten Häusern und alten Schiffen ist ein Highlight der Stadt, im Sommer Flaniermeile und Besuchermagnet. In dieser touristischen Hafenidylle bekommt man im Winter zwar die gleichen geschmacklosen Fisch-Potpourris zu den gleichen geschmacklosen Preisen wie im Sommer, aber garantiert einen Platz. Als mich die junge Frau am Nebentisch zum wiederholten Mal dabei beobachtet, wie ich prüfend nach draußen blicke, ob der Wagen noch da ist, lächelt sie mich an und sagt: »Sie sind nicht von hier, oder? Sie sind Tourist?«

»Ja. Wieso?«

»Den Kinderwagen nimmt niemand. Wissen Sie, Dänen vertrauen Dänen.« Sie deutet auf den Kinderwagen daneben. Er gehört dem Spross auf ihrem Schoß.

»Was füttern Sie Ihrem Kleinen da?«, frage ich.

»Das ist dänische Babynahrung. Wie alt ist Ihr Sohn? Ein Jahr?«

»Nein, nur groß. Er ist acht Monate.«

Ihr Kind auch. Sie gibt mir ein Glas Dänen-Hipp, es schmeckt Valentin aber nicht. Reisen ist eine Sammlung von ersten Malen, garniert mit der Erkenntnis, wovon man kein zweites Mal braucht.

»Schmeckt scheinbar anders als bei Ihnen«, sagt die Frau. »Wissen Sie, dass heute der Adventmarkt öffnet? Das ist bestimmt etwas für ihn.«

Wer antizyklisch reist, sieht Höhepunkte der Nebensaison, die B-Seiten der Mainstreamhits. Mit anderen Worten: Wer auf dem Tivoli – der dänischen Skurrilität eines innerstädtischen Vergnügungsparks – den Weihnachtsmarkt erleben will, darf nicht im Sommer kommen. Dort gewinnt der ehrgeizige Vater eine weitere Einsicht: Es sind nicht die lebenden Rentiere und Auto-Ringelspiele, die dem Achtmonatigen ein Lächeln entlocken. Nicht der Weihnachtsduft und die Märchenbahn. Es sind die Lichter.

Ganz einfach die Lichter.

Fazit

Reisestress ●●●○○

Kinderprogramm ●○○○○

Abenteuer & Eindrücke ●●●○○

Preis ●●●○○

Der Vorteil einer Reise gegen den Urlauberstrom: Man hat eine unberührte Gegend für sich. Ob am Meer, auf dem Fischmarkt oder im Kaffeehaus – Valentin musste seinen Papa – und seine Mama – mit niemandem teilen. Das bringt eine schöne Zeit, vorausgesetzt, man kommt mit offenen Sinnen und genug warmen Sachen zum Anziehen.

Obwohl es in die Ferne geht, ist die Reise leicht zu machen, mit dem Flugzeug nach Kopenhagen, dann mit dem Mietauto in einer Stunde nach Odsherred. Kopenhagen ist ab Wien mehrmals täglich direkt erreichbar, in der Nebensaison oft um rund 100 Euro. Über Tipps und Erfahrungen zum Fliegen mit Kleinkind berichte ich im Epilog. Ein Mietauto ist aus meiner Sicht unbedingt notwendig (viele Anbieter auf dem Flughafen Kopenhagen-Kastrup), neben der Anreise auch für Ausflüge und Einkäufe. Wichtig: Babyschale/Kindersitz vorreservieren!

Es gibt einige Ferienhaus-Anbieter auf Seeland, bei »DanCenter« (www.dancenter.de) hat alles gut funktioniert. Alle Infos kommen vorab per Mail, Schlüssel und Unterlagen bekommt man beim Haus, Strom- und Wasserstand trägt man selbst in eine Liste ein. Die Notfallnummer funktioniert (ein defekter Heizkörper wurde umgehend repariert). Das Haus »Veddinge Bakker«

(6 Personen) ist gut ausgestattet, Whirlpool und Sauna benutzt man mit Baby eher nicht. Das Meer ist hundert Meter entfernt, Supermarkt und Restaurants drei Kilometer.

Als Kosten würde ich für diesen Urlaub zu dritt etwa 1200 Euro pro Woche rechnen: Für das Haus ab 400 Euro (Winter; exkl. Wasser und Strom, Babybett und Hochstuhl gegen Aufpreis), ein Auto gibt es ab etwa 200 Euro (zuzüglich Sprit!). Selbstversorgung ist billiger, essen gehen teurer, mit Ausflügen nochmal knapp 100 Euro pro Tag.

Ausflugstipps: Wikingerschiffsmuseum Roskilde (von Mai bis September gibt es Rundfahrten auf alten Wikingerbooten; www.vikingeskibsmuseet.dk) und Kopenhagen – von Flanieren durch die Einkaufsstraßen über Orte wie Nyhavn und die etwas in die Jahre gekommene Kommunen-»Freistadt« Christiania bis zum Vergnügungspark Tivoli. www.visitdenmark.com

Steiermark:
Tauplitz
Ennstal
Schladming-
Rohrmoos
Dachstein

Über Schnee kann ein Schmetterling nicht urteilen.

Chinesisches Sprichwort

Schneemann und Stallbub
Kleine Entdecker:
Warum Hütte und Bauernhof perfekte Basislager sind

Der erste Griff in den Schnee ist unangenehm. Ein nasses Weiß, ein kalter Stich. Als Valentin zum ersten Mal in den Schnee greift, ist er elf Monate alt. Er kann das Weiß nicht fassen, es zerrinnt in den Händen. Für einen, der erst seit ein paar Monaten greifen kann, ist es ziemlich ernüchternd, dass etwas nicht fassbar ist. Ich schaue ihn an, verständnislose Skepsis im kleinen Gesicht. Warum sind wir hier, warum ist es kalt? Und können wir bitte wieder in die Hütte?

Valentins erste Begegnung mit Schnee findet vor unserer Urlaubshütte statt, 300 Höhenmeter oberhalb des Örtchens Tauplitz, in der Kulisse des prächtigen Berges Grimming. Hier, wo von Süden kommend das Ausseerland beginnt, bilden Tal und Berg eine wunderbare Balance. Die Berge sind mächtig – einerseits das Tote Gebirge, andererseits die Ostseite des Dachsteinmassivs. Dazwischen ein breites Land, nicht nur eine Talfurche, in die es die Sonne nur ein paar Minuten am Tag schafft. Es ist eine gute Kulisse für eine einwöchige Winterfrische, und die Egghartguthütte ist ein perfektes Quartier dafür. Am Hang gelegen, Blick Richtung Grimming, die Ausstattung zwischen urig und komfortabel, die Lage zwischen Ort

Tauplitz und Tauplitzalm. Man erreicht in zehn Forststra-ßen-Gehminuten die Mittelstation des Sessselliftes, der aus Tauplitz-Urlaubern Tauplitzalm-Skifahrer macht.

Es ist ein Ort, an dem sich ein Elfmonatiger dem Element Schnee in angemessenem Tempo nähern kann. Denn Kinder brauchen beim Reisen länger, sie verarbeiten Eindrücke nicht im Schlaf, sondern im Spiel. Schön langsam. Nach dem ersten Griff spielt Valentin noch ein paar Minuten mit dem weißen Zeug, aber dann ist es auch wieder gut. Er kann noch nicht gehen und das Herumsitzen im Schnee sieht tatsächlich wenig gemütlich aus.

Die beiden aufregendsten Momente eines Hüttenurlaubes sind das Hinausgehen – kalte Luft, Kulisse, Licht und Schnee – und das Wiederhineingehen. Wenn die Kachelofenwärme auf die Backen knallt, die Wärme wieder in den Körper kriecht. Aus der Stube der Duft von Essen und der Lärm einer geselligen Runde. Denn es sind auch die Besuche, die einen Hüttenurlaub so besonders machen. Es wird immer schwieriger, Urlaube mit Freunden zu koordinieren. Sobald Kinder da sind, ist es fast unmöglich. Den einen ist die Sonne zu heiß, den anderen das Ziel zu weit. Die einen bringen Babyclubs ein, die anderen eine grundsätzliche Abscheu davor. Bei einer Hütte in Österreich fügen sich die Dinge oft: Einer bucht, andere schließen sich an, Platz gibt es immer irgendwie. Das Ziel ist leicht erreichbar, man kann auch nur ein paar Tage vorbeischauen.

Für Valentin machen die vielen Besuche diesen Urlaub noch spezieller. Wenn Mama dem Männchen aus Schnee eine Karotte ins Gesicht steckt und Papa beim Langlaufen die Rodel nachziehen will und hinfällt. Wenn Anni-Oma und Karl-Opa mit ihm im Bob-Schlepptau Runden durch das weiße Wunderland ziehen. Wenn Tauftante Britta und Onkel Alexander sich Schnee ins Gesicht werfen. Valentin gluckst vor Freude.

Trotzdem beginnt die Schneeromanze meines Sohnes zögerlich. Bei der Ankunft siechen nur ein paar Flecken Weiß auf braunen Hängen dahin. Es ist einer dieser Jänner ohne Schnee. Valentin genügt aber anfangs ohnehin ein Fleck, um festzustellen, dass das nicht sein Element ist. Er gehört anfangs zum Team »Wiederhineingehen«. Zum massiven Tisch in der Stube, auf dem man im Gegensatz zum heimischen Esstisch sitzen darf. Mama steckt die Karotte jetzt in *sein* Gesicht.

Am dritten Tag schneit es endlich in Tauplitz. Ab da begeistert den elfmonatigen Valentin in der Egghartguthüttenstube vor allem das Fenster, an dem außen der patzige Schnee klebt. Ich schleiche aus der Hütte. Forme einen Schneeball und zeige mich Valentin. Er gluckst wieder. Als mein Schneeball an der Scheibe vor seinem Gesicht zerplatzt, kann er sich vor Freude nicht mehr halten. Er zeigt hinaus, er will hinaus.

Irgendwann verlieben sich alle Kinder in das Element Schnee. Vor allem der Unschuld wegen. Nichts darf man werfen, außer einen Schneeball. Nie soll man auf seine Nase fallen, außer in den Schnee. Aus sonst nichts lässt sich in wenigen Minuten ein Karottennasen-Valentin bauen. Valentin verliebt sich am dritten Tag in den Schnee. Er erträgt die dünne Strumpfhose, die dicke

Strumpfhose, den Babybody, den dicken Pullover, die Sturmhaube, noch eine Haube, Fäustlinge und sitzt im weichen Regenbogenoverall mitten im verschneiten Land. Fällt um und lacht. Greift dem Schneemann ins Gesicht. Der fällt um. Valentin lacht.

Die Tauplitzalm erreicht man mit dem Sessellift oder über die Zufahrtsstraße über Bad Mitterndorf. Sie ist ein Hochplateau und als solches relativ eben. Die Skilifte lassen wir links liegen, für Kleinkindereltern ist die Tauplitzalm so besonders, weil sie ausgedehnte Spaziergänge wie im Tal erlaubt, aber auf über 1600 Meter Höhe.

Oder eben Vater-Sohn-Langlaufen. Die Loipen auf dem Plateau sind wirklich schön, also schnalle ich mir die Ski an, den Sohn in eine Rodel und die Rodel an mich. Ich bin kein besonders geübter Langläufer, aber Valentin ist gut darin, die Peinlichkeiten seines Vaters geduldig zu ertragen. Nach einer kleinen Runde samt Stürzen übergebe ich Kind und Rodel der Mutter zum Spaziergang durch das Winter Wonderland. Wir treffen einander später, in der Hütte. Wo Valentin seine erste Erbsensuppe essen wird.

Wenn es beim Hüttenurlaub in Tauplitz draußen zu winterlich ist und drinnen langsam der Lagerkoller um sich greift, braucht man Programm. Gemütlichkeit ist auf Reisen stets ein sensibler Gemütszustand. Man lehnt sich zurück, ob am Kachelofen oder auf der Strandliege, genießt das süße Runterkommen, und plötzlich schlägt die Langeweile zu. Die sieht man nicht kommen, wie ein sommerliches Berggewitter oder einen Tsunami, da sind alle Naturgewalten gleich. Die Stimmung kippt und man geht einander sprichwörtlich auf die Nerven.

Wir sind also mit Valentin in die GrimmingTherme ins benachbarte Bad Mitterndorf gefahren. Eine brauchbare Eintagesalternative.

Der Bauer als Animateur

Gleich ums Eck vom Ausseerland liegt das Ennstal. Es befindet sich südlich des Grimmings und trennt das Dachsteinmassiv von den Niederen Tauern. Ein mächtiges Tal mit einem mächtigen Zentrum: Schladming-Rohrmoos hat aufgerüstet, und mittlerweile findet hier fast jeder, was er für den Urlaub sucht, von schicken Hotels bis zu einfachen Hütten, von Adrenalin bis Ruhe, von Winter bis Sommer. Wir besuchen hier gerne den Bauer Hannes. Valentin war zweieinhalb, als er ihm zum ersten Mal begegnete. Und anders als beim Schnee, war es Liebe. Es gibt wenige Menschen, über die Valentin öfter redet, obwohl er den »Bauer Hannes« nach diesem Urlaub nur ein weiteres Mal besucht hat. Vorläufig.

Hannes und seine Familie haben am Rücklhof oberhalb von Rohrmoos einerseits die Landwirtschaft erhalten, sich andererseits auf Familienurlaub spezialisiert. Zimmer, Essen, Programm – alles so einfach wie liebevoll. Für mich wurde der Rücklhof zum Inbegriff dessen, was mir bei Kinderreisen wichtig scheint: Es geht darum, wie sich etwas anfühlt. Ob das besonders aufregend, besonders kindgerecht, besonders sicher oder sonstwie besonders ist – egal. Kinder empfinden unmittelbar und spiegeln das wider. Ein feiner Ort ist ein feiner Ort, eine gute Zeit ist eine gute Zeit. Und ein freundlicher Mensch ist ein freundlicher Mensch. Bauer Hannes ist offensichtlich weder Kindergartenpädagoge noch Babyanimateur. Aber er hat für seine jungen Gäste im Wald ein Zwergerldorf errichtet, aus alten Baumstümpfen, Zweigen, Rinde und Reisig. Wenn er es mit ihnen besucht, setzt er allen eine Zipfelmütze auf. In den einen Stadl hat er ein Trampolin gestellt, der andere ist voll Stroh, eine Sprossenleiter an der Wand und heißt »Heuhupfstadel«. Einmal in der Woche gibt es ein Wettmelken und das Schönste für Valentin: Täglich können die Kinder in der Früh und am Frühabend mit Hannes in den Stall gehen. Stallarbeiten machen. Hannes lässt sie tun.

Ich kenne keinen authentischeren Kinderbetreuer. Und kein geradlinigeres Programm.

Wer im sommerlichen Bauernhofurlaub in Rohrmoos plötzlich Lust auf Schnee hat, schaut verträumt Richtung Dachstein. Vielleicht hat man von hier den besten Blick auf den Berg, der gerne als östlichster Dreitausender der Alpen bezeichnet wird, obwohl er nur 2995 Meter hoch ist. Vielleicht auch nur den zweitbesten, es ist unwichtig. Ich habe jedenfalls noch keine Unterkunft auf der Welt erlebt, wo es sich mehr lohnt, das Zimmer mit Ausblick zu nehmen. Valentin gönnt seinen Eltern hier gut zwanzig Minuten mehr Schlaf, während er am Fenster klebt, Blick Richtung Dachstein.

Träume sollen im Urlaub nicht nur Theorie bleiben, und seit die Dachstein-Seilbahn ausgebaut wurde, müssen sie das auch nicht.

Berge entdecken im Ennstal: Valentins erster Kletterversuch am
Stoderzinken – gleich neben dem Weg

Für besondere Abenteurer gibt es die Panoramagondel.
Man steht auf dem Dach der Kabine und sieht am besten,
worauf man zuschwebt. Das einzig Negative an der Erleb-
niswelt am Dachstein sind die vielen anderen. Es ist ihnen
nicht zu verübeln. Schnee in dieser Höhe, auch im Sommer, dazu die Hängebrücke, die Aussichtsplattformen,
Sicht zu den Hohen Tauern, der neue Eispalast – ein so
geballtes Gletscher- und Bergerlebnis gibt es nicht oft. Ich
komme nicht umhin, einen Besuch zu empfehlen. Und
wer den vielen Menschen entkommen möchte, spaziert
drauflos. Der Gletscher ist zwar nicht mehr, was er einmal war, aber noch immer ein Spielplatz für kleine Kinder und für Große, die Schnee noch immer fasziniert.
Apropos: Faszinierend, wie schnell ein Vater ins Schnau-

fen kommt, wenn er auf 2400 Meter den Zwerg schultern muss, weil Nachwuchsalpinist Valentin in der Höhe auch die Luft ausgeht.

Neben dem Dachstein hat sich das gesamte Ennstal zum Kinderurlaubsparadies entwickelt. Der Rittisberg in der Ramsau ist toll. Ober- und Untertal in Rohrmoos sowieso, mit ihrem umfangreichen Angebot von Kinderklettern bis Erlebnispfade. Oder der Stoderzinken – eine Art berggewordener Abenteuerpark mit Flying Fox und Klettergarten. Die kann man ruhig hinter sich lassen, lieber fährt man hinauf auf den hübschen Berg, auf der angeblich schönsten und höchstgelegenen Alpenstraße der Steiermark. Vom Parkplatz kommt man dann in einer guten Stunde zum Gipfel. Valentin ist Genuss- statt Gipfelwanderer, ganz der Vater, und beschritt den Halb-

Valentins Highlights am Rücklhof: Heuhüpfstadl und Stallarbeit statt designtem Kinderprogramm

stundenweg zu der kleinen Kapelle im Fels. Dieses »Frie-
denskircherl« ist nicht nur ein außergewöhnlicher Platz
in den Bergen, sondern wirklich empfehlenswert für
Jungwanderer ab drei Jahren. Und weil wir gerade dabei
sind: Als nächste Tour würde ich die Wanderung von der
Ursprungalm, wo der *Heidi*-Film gedreht wurde, zu den
Giglachseen vorschlagen. Und dann den Steig »durch die
Höll« bei den Wilden Wassern. Wenn ein Kind den geht,
wohl eher mit vier Jahren, ist es in den Bergen angekom-
men.

Wochen in der Hütte und auf dem Bauernhof haben eines
gemeinsam: Man zählt die Tage nicht. Sie versinken in
Momenten, wie die Geräusche im Schnee.

Vielleicht gibt es wirklich nichts Schöneres als ein
Kind, das Schnee entdeckt. Oder den Kühen das Futter
zuschiebt.

Fazit

Reisestress ●●●●●

Kinderprogramm: Hütte Tauplitz ●●●●●

Rücklhof/Rohrmoos ●●●●●

Abenteuer & Eindrücke ●●●●●

Preis ●●●●●

Die Anfahrt mit dem Auto ist bei Hütte und Bauernhof sinnvoll, man hat viel Gepäck, auch für Einkäufe und Ausflüge ist das Auto praktisch. Abgelegene Hütten sind großartig, allerdings braucht man oft Schneeketten und eine Babytrage, der Kinderwagen hat im Winter auf Forststraßen Pause. Sowohl Tauplitz als auch Schladming liegen sehr zentral und sind gut erreichbar, auch mit Zug und Taxi.

Eine Hütte hat einige Vorteile: Man kann sich das Lebensumfeld mitnehmen (Spielzeug) und gestalten (Lärm zu jeder Zeit). Vor allem kann man selbst Essen nach Bedürfnis und Geschmack des Kindes zubereiten (es gibt für Valentin kein Glück ohne Brokkoli) und Spaß an der Sauerei haben, wenn das Kind erstmals mit dem eigenen Löffel essen will. Nimmt man eine größere Hütte, kann auch Besuch kommen.

Praktisch ist für Babys und Kleinkinder ein eigenes Zimmer (geht sich das Reisegitterbett aus, gibt es eines vor Ort?). Viele Hütten haben dünne Wände, daher sollte das Schlafzimmer des Kindes nicht neben der Stube sein. Der knarrende Boden hat Valentin nicht gestört. Und dass Öfen heiß sind, ist auch eine Erfahrung.

Es ist unmöglich, einen Preis für Hütten zu nennen, es gibt sie um 300 Euro pro Woche (4 Personen), andere um 3000. Anbieter Mondial hat rund 200 Alm-, Ski- und Wanderhütten für 2 bis 45 Personen in den österreichischen Alpen im Programm, von der urigen Berghütte bis zum Luxuschalet. Wer eine spezielle Destination oder einen bestimmten Zeitraum will (vor allem Weihnachten und Silvester), sollte früh buchen. Sonst gibt es oft auch kurzfristig etwas. www.mondial-reisen.com

Vieles davon gilt auch für Familienurlaube am Bauernhof. Das Spielzeug kann man sich jedoch sparen, es gibt meist genug davon. Der Rücklhof in Rohrmoos etwa hat neben einem Spielzimmer eine Flotte an Fahrzeugen für Kinder, ganz abgesehen vom Programm. Der Bauernhof liegt im Winter an der Skipiste, ist sehr gut gebucht. Im Vergleich zu anderen ist er günstig, bietet aber derzeit im Sommer keine Schladming-Card an, was Ausflüge teurer macht (vor allem die Dachstein-Seilbahn). Pro Nacht und Person muss man derzeit mit 35 Euro (Frühstück, Halbpension 48 Euro) im Sommer rechnen, im Winter mit 10 Euro mehr. Kinder bis 3 Jahre sind gratis. www.ruecklhof.at

Sowohl Ennstal als auch Ausseerland sind weitläufig. Rohrmoos und Tauplitz sind kleine Orte geblieben, Schladming ist eine Stadt. Der Ausblick ist überall vorzüglich: Hier der isolierte Gebirgsstock Grimming (2351 Meter), dort der Dachstein (2995 Meter). Die

Region Schladming-Rohrmoos ist als Skigebiet und Wanderregion riesig, auf dem Hochplateau Tauplitzalm (1600–2000 Meter) ist es ruhiger: ein paar Pisten und zwei Langlaufloipen im Winter, sieben Seen und ein Wanderzentrum im Sommer.

Ab welchem Alter man mit Kindern in welche Höhe fahren sollte, ist umstritten. Valentin war mit sechs Monaten problemlos auf 2200 Meter. Für Schnee: Fette Creme für die Wangen, Schal zum Einmummen. Bob und Rodel brauchen im ersten Jahr eine Rückenlehne, fürs Langlaufen gibt es eigene Babyanhänger zum Umschnallen.

Ennstal: www.schladming-dachstein.at, www.derdachstein.at, www.wildewasser.at, www.stoderzinken.at, www.rittisberg.at

Tauplitz: www.ausseerland.salzkammergut.at, www.grimming-therme.com

*Wenn man seine Ruhe nicht in sich findet,
ist es zwecklos, sie andernorts zu suchen.*

François de La Rochefoucauld, französischer
Literat, 17. Jahrhundert

Wasserratte versus Maskottchen
Konflikt in der Komfortzone:
Wie kann mein Sohn Thermen mögen?

Die Menschheit lässt sich verlässlich in zwei Typen einteilen: Der eine Typus liebt Thermen, empfindet ein paar
Tage in den Badehäusern, die sich selbst gerne Wellness-
tempel nennen, als Erholung, als Gewinn, als Pannen-
bucht auf der rasanten Autobahn des Alltags.

Müsste ich zwei Wochen in einer Therme verbringen,
bräuchte ich eine Woche Alltag, um wieder zu mir zu finden. Ich fühle mich in der dauerfeuchten Wärme nicht
wohl, ich bin ja keine Tropenpflanze. Andere Gäste stören mich nicht grundsätzlich, ich schaue mir gerne Menschen an, ob Model- oder Deixfigur ist mir egal, aber wie
sie da liegen, mit ihren dicken Büchern und illustren
Magazinen, schreien sie mir still zu: Erhol dich! Gefälligst! Und mit dem Druck kann ich nicht umgehen. Apropos Druck: Ich glaube, es gibt nur dort besonders viel
Angebot, wo die Konzentration auf das eigene Dasein
unmöglich ist. Das gilt für Strip- ebenso wie Urlaubsclubs
oder eben Thermen: Rutsche hier, Dampfbad dort, Mas-
sagedüsen, Aquazumba – ich habe in solchen Anlagen
ständig das Gefühl, alles ausprobieren zu müssen und es
nicht zu schaffen.

Sie merken: Ich bin der andere Typus. Ich liege in der Therme verschwitzt wie im Dschungel, fühle mich von den anderen Besuchern getrieben und empfinde ständiges Scheitern. Das ist das Gegenteil von dem, was mir zu Reisen einfällt.

Reisen heißt aber auch, sich auf das andere einzulassen, im konkreten Fall auf eventuelle Vorlieben des Sohnes. Mir widerstrebt, Valentin nur näherzubringen, was mir gefällt. Die Idee eines Mini-Reiseklons ist scheußlich und nicht sehr weltoffen. Außerdem gibt es ja offensichtlich viele Menschen, die Typus eins zuzurechnen sind. Also enthalte ich Valentin in unserem Reisejahr die »auf dem europäischen Markt eindeutig führende Baby- und Kleinkindertherme«, die Sonnentherme im burgenländischen Lutzmannsburg, nicht vor. Das ist eine Selbstbeschreibung. Man könnte 90 Prozent Auslastung, 1500 Tagesgäste und »ganztägig buntes Programm« auch als gefährliche Drohung ansehen. Oder eben als Garant für leuchtende Kinderaugen.

Die Lobby ist ein Hingucker. Eine kirchenhohe Halle, sehr hell und mit buntem Teppichboden, in der Luft unterschiedlich große weiße Kugeln an Schnüren, als ob André Heller Schnee interpretiert. Der einjährige Valentin ist ebenso beeindruckt, allerdings weil hier überall wie zufällig Bobbycars herumstehen. Menschen, die ich ob der schicken Wickeltaschen als Eltern identifiziere, sitzen in großzügigen Polstersesseln und beobachten ihre kleinen Bobbycarpiloten. Auf einem Plakat verspricht Thermenmaskottchen Sunny Bunny: »Hier gibt's Spaß wie nirgendwo.« Ich habe Angst.

Das zur Therme gehörige »Sonnenpark« versteht sich als »Familien-Verwöhnhotel«. Während ich über die Kombination von Thermen- und Themenhotel grüble, beschließt Valentin lautstark, dass es ihm hier gefällt. Er schaut mich mitteilend an: Ich krabble jetzt los und lasse dich mit deinem Zweifel alleine. Ich setze ihn auf den Boden und beim Nachschauen merke ich, dass mir das eh auch gefällt: Auf dem Teppich kann Valentin für sich sein.

Nichts Gefährliches kreuzt seinen Weg, nur Autos zum Entdecken und andere Kinder. Papa erreichbar auf den Loungemöbeln. Gemeinsam jeder für sich. Ich werde mir einen Gin Tonic bestellen und Valentin beobachten.

Davor muss ich das Einchecken überleben.

»Sie sind das erste Mal hier«, sagt die allerliebst lächelnde junge Frau. Da ist man als Urlauber schon gewarnt, diesem Satz folgt meist eine unmöglich zu merkende Aufzählung von Frühstückszeiten bis Programmdetails.

»Mhm, ja«, murmle ich und hoffe, dem Referat zu entkommen.

Fünf Minuten später habe ich alles gehört und weiß doch nichts, trage einen Packen Zettel, in dem Gott sei Dank »eh alles auch noch mal drinsteht«. Darunter ist auch das Merkblatt mit allen Terminen des »Baby Fit Package«, erstellt von Österreichs erstem Personal Baby Trainer, gebucht von mir. Ein Blick zum glücklichen Spross nimmt mir das aufkommende Schaudern.

Die 87 »funktionell ausgestatteten Familienzimmer« im Sonnenpark werden dem Flair des restlichen Hotels nicht ganz gerecht. Man will ja ohnehin in die Therme, denke ich mir und studiere das Zimmertelefon. Der Schnurlosapparat dient als Babyfon und damit gewinnt man den skeptischen Halbhuber: Es ist nach wie vor auf Reisen und im Urlaub schwierig, das Niederlegen des Kindes mit dem persönlichen Abendprogramm in Einklang zu bringen: Fast nirgends reicht das Signal des Babyfons vom Hotelzimmer bis an die Bar, ein Elternteil legt sich also mit dem Kind nieder. Das nervt. Die Lösung ist entweder eine Babyfon-App. Oder das Zimmertelefon mit Alarmgeschreifunktion. Dickes Plus für den Sonnenpark.

Die »Baby World« der Therme ist groß. Ein schienbeintiefes Wasserbecken und die Babyrinne erlauben den Zwergen relativ eigenständiges Plantschen, der Vater liegt dabei wie ein Wal im 34 Grad warmen Brackwasser und muss sich immer wieder rundum befeuchten. Hier will man »Familie als Erlebnis vermitteln, nicht das Abgeben von Kindern«, bietet aber Babysitting und Kinderbetreuung an. Mir bleibt auf immer verborgen, warum Eltern im Urlaub auch Urlaub von ihren Kindern suchen, für mich liegt das Geheimnis erfüllten Kinderreisens in einem Programm, das Klein wie Groß selbstständiges Tun ermöglicht. Daher mag ich Symbiosen wie in der »Baby World«.
Kurz bevor sich in mir Wohlgefühl ausbreitet, suche ich vergeblich eine Liegefläche, auf der wir gemeinsam jeder für sich sein können. Zwischen hundert Einzelliegen gibt es keinen Zusammen-Herumkugeln-Ort. Wo der Papa im Buch mit Buchstaben und der Bub im Buch mit Bildern Haut an Haut schmökern können. Wieder ist Valentin viel gelassener und schläft auf meinem Bauch ein. Und langsam entschlummere auch ich, bei 29 Grad Lufttemperatur, während ich um die Frage kreise, für wen das hier eigentlich gemacht ist: Menschen, die kommen, weil sie nun ein Kind haben und ihm die eigene Thermenleidenschaft näherbringen wollen, oder solche, die diese Leidenschaft als Eltern einfach nicht aufgeben wollen und trotz des Kindes kommen.

In diesem Sinn muss man das Angebot der Sonnentherme loben, auch wenn es schwerfällt, zu Babymassage, Babywellness und Babysauna keine dummen Witze zu machen. Ich zitiere stattdessen einfach, dass »in der Sonnentherme auch die Verwöhn-Programme für ganz kleine Menschen ganz groß geschrieben« werden. Oder sich Babys in »Österreichs 1. Babysauna bei 60–70 °C Temperatur und in gemütlicher Atmosphäre sicher an Mama schmiegen können, für drei bis fünf Minuten die Zweisamkeit genießen und sich so richtig entspannen« können. Ja, wer kennt sie nicht, die dreiminütigen richtigen Entspannungsphasen im Leben, die fünfminütige Zweisamkeit auf einer Saunapritsche.

Dass sich auch hier noch immer alle »Babys an Mama schmiegen«, nie an Papa, ist ein eigenes Thema. Ich habe längst gelernt: Wickeltische sind prinzipiell in Frauentoiletten und Bindung prinzipiell an Mamas vorgesehen.

Dabei hat noch keine Mutter der Welt ihr Baby besser massiert als ich Herrn Valentin. Das erkenne ich an der

Ruhe, während ich hinter ihm sitze und die Schultern massiere. Es ist warm und strengt mich an, auf dem Boden zu sitzen, ich schwitze. Er ist still, entweder er genießt oder ist paralysiert von Wellnesstrainerin Carina. Sie weist mich an, so seine Füße zu drehen, so seine Arme zu kreisen. Carina hat an sich schon einen breiten Mund, aber wenn sie Valentin anspricht, geht er um den halben Kopf.

»Na, ist das guuuut?« Er schweigt. »Das sind guuute Ööööööle.« Er schweigt noch immer. Carina schaut mich an, sie tut mir fast leid, ich nicke.

Viele Erwachsene sprechen mit kleinen Kindern wie mit depressiven Welpen. Überdeutliche Sprache, dazu überhöhte Grimassen, wie Clowns, aber ohne Erfolg. Ich habe bis jetzt immer nur Kinder erlebt, die darauf mit Tränen reagieren. Valentin weint nicht. Ich glaube, ihm ist das einfach egal. Ein Miniprotest kommt erst, als Carina das optionale Zusatzangebot »Babyfußabdruck« auspackt und Valentins Fuß mit Farbe bestreicht. Wir

beide wollen nur, dass der Moment vorbeigeht. Carina tut uns beiden leid. Der erste Abdruck misslingt, sie besteht betont fröhlich auf einem zweiten Versuch.

»Der ist aber jetzt eh schön«, beschließe ich die Babywellnesseinheit. Schließlich müssen wir einen strengen Zeitplan einhalten. »Wir müssen jetzt zum gratis Babyschwimmen-Schnuppern. Danke jedenfalls.«

Carina lacht noch breiter. »Ah, suuuuuper. Das mache eh auch ich.«

Juhu.

Die sympathische – das muss ich jetzt einmal sagen, Carina ist sehr lieb, sie vertritt ein fragwürdiges System mit Würde und Lächeln – Trainerin für eigentlich eh alles schwimmt wesentlich besser, als sie Füße bemalt. Und als Valentin vom ersten Kurztauchgang seines einjährigen Lebens mit einem Grinsen wieder die Oberfläche erreicht, gefällt mir das auch. Ich habe, nach Anleitung der Trainerin von der Sunny Bunny Swim Academy, meinen Sohn getaucht. Im Baby-Aktivbecken. Fühlt sich an wie mit bloßen Händen Feuer zu machen oder einen Baum zu fällen, nur mit mehr Taufpathos. Die Schwimmeinheit ist unterhaltsam. Man kann ein Kleinkind zwar sicher auch ohne Trainer unfallfrei durchs Wasser ziehen, aber was man heutzutage ohne Coach macht, ist nix wert. Beim folgenden Besuch der Babysauna ist Carina wiederum unverzichtbar, ich würde den tieferen Sinn dieser Aktion selbst nicht finden.

Wem die gemeinsamen Momente bei so einem Thermendauerfeuer zu kurz kommen, freut sich auf das Essen. Das ist im Sonnenpark sehr ambitioniert, ich will gar nichts dagegen sagen: vier frisch gekochte Babybreie, schönes Ambiente, hochwertige Hochstühle, liebevoller Service. Und doch funktioniert auch das Essen nach dem Modell: Sind Sie mit oder trotz Ihres Kindes da?

Auf den zweiten Blick teilt sich die Buffetlandschaft in zwei Bezirke: Menschen, die gerne gut essen, und Kinder. Am extra niedrig gebauten Buffet für die Kleinen gibt es, was die geheime Vereinigung der Kinderkartengestalter ihnen immer zuschreibt: Pommes, Pasta, Würstel, das gedünstete Alibigemüse, Pizzastücke und und und. Daneben Schoko- und Erdbeereis zum Selbernehmen, süße Cremen mit lustigen Gesichtern. Wenn du als Kind Speisen, die nicht nach Indianern, Comicfiguren oder Märchengestalten benannt sind, essen willst, werde gefälligst erwachsen. Dann darfst auch du zum Erwachsenenbuffet und dir »Zweierlei von der Barbarie-Ente mit Haxerlconfitstrudel und Kletzenbrotknödel« nehmen.

Natürlich übertreibe ich, denn freilich darf im Sonnenpark auch jedes Kind zum Erwachsenenbuffet. Und doch verstehe ich die Trennlinie nicht. Tausende Speisen essen Väter *und* Söhne, ja Mütter auch, ich esse mit Valentin zum Beispiel Tortellini und Salat, Ente hin, Aschenputtel-Schnitzel her.

Nach dem Essen tanzt in der Lobby täglich Sunny Bunny, der Zweimeterhase. Ich beobachte ihn mit Abstand. Sunny Bunny schreit ins Mikro: »Alle Kinder tanzen mit!« Alle Eltern stehen in der zweiten Reihe und fotografieren. Ein Bild, zu dem ein Gin Tonic passt. Valentin dreht lieber Bobbycarrunden, dockt ab und zu bei seinem Vater an, als ob er mit gütigem Blick sagen will: Papa, denk nicht so viel nach, wenn ich da einmal mittanze, dann gemeinsam mit dir, ich will auch nicht, dass du mit Krawatte auf der Zuschauertribüne stehst. Als Dank lese ich ihm später aus »Sunny Bunnys Gute-Nacht-Geschichten« vor.

Fazit

Reisestress ◕◔◔◔◔
Kinderprogramm ◕◕◕◕◔
Abenteuer & Eindrücke ◕◕◕◔◔
Preis ◕◕◕◕◔

Viiiiel Kinderprogramm inklusive übermenschengroßen Bunnys. Für Eltern, die auch postnatal nicht auf ihre geliebten Thermenwochen verzichten wollen, ist die Sonnentherme der richtige Ort, persönliche Relax-Einheiten lassen sich mit den Bedürfnissen des Sprosses gut kombinieren. Man merkt, dass sich jemand über Details Gedanken gemacht hat – von Zimmertelefonen mit Babyfonfunktion, Wasch- und eigener Babyküche über Leihbuggys und -kinderwägen bis zu Bobbycars, Gehschulen und Wippen als Ausstattung. Man muss also nicht das Auto vollräumen, Valentins Kinderwagen blieb den ganzen Aufenthalt über im Kofferraum. Apropos: Lutzmannsburg liegt an der Grenze zu Ungarn (in Sichtweite). Eine öffentliche Anreise ist möglich, aber kompliziert.

Bei der Sonnentherme gibt es mehrere Familienhotels, das Sonnenpark hat auch einen eigenen Thermenbereich:

Bei der »Familien-Verwöhnpension« gibt es Snacks, mittags und abends Kinderbuffet, für Babys wird extra gekocht und Nahrung zur Verfügung gestellt. Aufenthalte in Thermen und Kinderhotels sind nie günstig, pro Nacht muss man derzeit für Vater mit Sohn ab 157 Euro (ab 4 Nächten) rechnen. Will man einen eigenen Raum für das Kind, zahlt man 58 Euro mehr. Kommt Mami auch mit, ist man bei mindestens 340 Euro pro Nacht. Macht 2400 Euro für eine Woche. Allerdings gibt es Packages. www.sonnentherme.at, www.sonnenpark.at

Bei dem Preis will man das Angebot nutzen, da trifft es sich gut, dass die Umgebung hübsch, aber nicht aufregend ist. Die Angebote in Hotel und Therme sind für jede Altersklasse reichhaltig – Schwimmkurse, Animation und Sunny-Bunny-Merchandising. Die »Beauty World« bietet unter anderem »Junior Maniküre« und »Teenager Gesichtsbehandlungen« an. Die Babywellness-Einheit mit Babyschwimmen, -sauna und sogenannter »Babybeauty« kostet 35 Euro – ohne Thermeneintritt. Der liegt für Tageskarten gerade bei 26,50 Euro (Kinder gestaffelt ab 8,50 Euro).

Deutschland
Österreich
Schweiz:
Passau bis Wien
und
Bodenseerunde

*The traveler sees what he sees, the tourist
sees what he has come to see.*

Gilbert Keith Chesterton, englischer Autor,
19./20. Jahrhundert

Am See im Fluss
Wasserfahrt in trockener Kiste:
Warum kein Opa bei Radtouren fehlen darf

Am schönsten ist der Donauradweg, wenn er von der
Donau wegführt. Erst dann begegnet man Menschen und
ihren Geschichten. Zum Beispiel den Überschwem-
mungsdramen im flachen Machland, Mitterkirchen hat
es bei den letzten Hochwassern schlimm erwischt, der
Ort hat deswegen sogar einen Schutzwall bekommen.
Jetzt ist die Ortseinfahrt ein Schleusentor, das vollkommen unpassend in der Ebene thront, als ob die Gegend
darum bittet, in der nächsten *Game of Thrones*-Staffel
mitzuspielen. Ein viel zu modernes Burgtor im Kampf
gegen das Wasserheer der Donau, die man von hier aus
nicht einmal sieht. Im Flachen breiten sich Fluten aber
schnell und weit aus.

Der Juniorchef des Gasthauses Häuserer in Mitterkirchen wirkt auch ritterlich, wenn er sein Fotoalbum zückt.
»So hat es bei uns ausgeschaut. Das Hochwasser ist gekommen wie eine Bestie. Und wir mussten aus dem ersten Stock sehen, wie es unten alles genommen hat.«

Valentin, sein Opa und ich sind auf dem Weg von Passau nach Wien und wollen ein Mittagessen. Wir sind die
einzigen Gäste an diesem Aprilmittwoch. Es ist noch

Vorsaison auf dem millionenfach befahrenen Donauradweg. Mit den Speisekarten hat der Juniorchef das Fotoalbum gebracht. Valentin ist dreizehn Monate alt und
interessiert sich noch nicht für Ritter, aber für Schnitzel.

Der Juniorchef sieht sich in seinem Gasthaus um.
»Aber wir haben das Lokal wieder in Schuss gebracht.
Und jetzt mit dem Damm passiert das nicht mehr.«

Wir haben Hunger. Mittagessen strukturiert die Tage
einer Radtour auf spezielle Weise. Man nimmt sich beim
Frühstück vor, am Vormittag bis zu einem bestimmten
Ort zu kommen, an dem das Essen wie eine Siegerehrung
ist – allerdings ohne Feierlichkeit, denn danach möchte
man noch bis zum Nachtquartier weiterfahren. Bei uns
fallen die Ziele immer zu ambitioniert aus, da stacheln
sich Schwiegersohn und Schwiegervater gegenseitig an.
Ein Glück, dass sich beide im höchsten Moment der
Erschöpfung stets auf Valentin ausreden können, der
Bub braucht eine Pause, weißt du, ja, natürlich, ich könnte
zwar noch, aber wenn er eine Pause braucht … Ansons-
ten ist man auf dem Donauradweg ohnehin immer im
Fluss und meistens am Fluss, obwohl es dort nie so schön
ist.

Fast nie. Am Abend des Mitterkirchen-Burgabenteuers
bekommen Valentin, der Karl-Opa und ich die wunderbare Liebesgeschichte einer Thailänderin mit vorarlber-
gischem Dialekt serviert, die ihrem Spitzenkoch nach
Weins gefolgt ist. Der Ort ist so unscheinbar, wie er klingt,
aber Weins liegt an der Donau, dort, wo sie den maleri-
schen Strudengau verlässt und das Kraftwerk Ybbs-Per-
senbeug anvisiert. Das Bahnhofsgasthaus Hinterleithner

schreit den Vorbeiradelnden nicht gerade an, dass er hier einkehren muss. Aber wir sind müde, vierzig Kilometer nach dem Mittagessen, waren wieder einmal zu motiviert und suchen ein Nachtlager. Ich betrete die unscheinbare Gaststube, jaja, man könne hier übernachten, und ja, es gebe auch ein Abendessen.

Bei dem taucht plötzlich die vierzehn Monate alte Ava auf, dahinter ihre Mutter, die Thai. Valentin ist einen Monat jünger als Ava und dankbar, dass zwischen all den Gasthauserwachsenen, die er nicht kennt, und den beiden Mitradlern, die er zu gut kennt, ein Mensch seines Formats auftaucht. Ava kann im Gegensatz zu Valentin schon gehen und hat Heimvorteil, die Wirtstochter stapft durch die Stube, mein Sohn krabbelt ihr nach, ein hübsches Bild.

Hans Jörg Hinterleithner, Avas Vater, hat vor Kurzem das Wirtshaus übernommen, der elterliche Ruf ereilte ihn auf der Karriereleiter in einer der vielen Haubenküchen des Landes. Avas Mutter war als Achtjährige von Thailand ins Ländle gekommen, dann nach Wien und lebt jetzt an ihrem dritten Fluss nach Mekong und Rhein. Gemeinsam machen sie aus dem soliden Lokal mit Zimmern einen fulminanten Geheimtipp mit unerwartetem Hauben-Essen. Man sollte das auf der Radtour von Passau nach Wien einplanen.

Radtouren sind an sich langweilig, oder sagen wir: Sie sind nur das Skelett. Wie eine Busfahrt oder eine Kreuzfahrt. Das gleichmäßige Vorankommen ist meditativ, zur Reise wird es erst durch schöne Ausblicke oder Orte oder

Begegnungen. Valentin faszinieren nicht die 320 Kilometer auf seiner ersten mehrtägigen Radtour, ihn faszinieren die Avas auf dem Weg.

Und das Schauen. Weshalb ich von Radanhängern nichts halte – wer will den ganzen Tag auf des Vaters Hintern blicken? Ich organisierte für die Tour daher ein angemessenes Transportmittel: ein dreirädriges Lastenfahrrad, bei dem das Kind in einer Kiste vor dem Lenker sitzt. Mit Sitzbank, mit Gurt, mit Regenverdeck, mit Platz fürs Gepäck – vor allem mit Aussicht auf die Landschaft und den vorausfahrenden Karl-Opa. Da kommen wir wieder zum Anfang: Alles ist für ein Kleinkind spannender als der Donauradweg neben der Donau. Am schönsten findet Valentin die wenigen Etappen neben der Straße, das kindliche Auge erfreut sich hier an bombastischen Lastwägen, schnellen Autos, einem Traktor, zwei Motorrädern.

Magie der Schlögener Schlinge: Fährmann Pumberger macht Überstunden für Valentin und Karl-Opa.

Direkt an der Donau beginnt Valentin bald zu quengeln, und ehrlich, ich verstehe ihn: Man fährt zwischen Passau und Wien zu oft auf sterilen Dämmen, makel- und leblosen Asphaltbahnen, neben denen der Fluss nicht einmal ordentlich fließt – die Dammpassagen führen fast immer entlang des Staubeckens vor dem nächsten Kraftwerk. An der geraden Uferbefestigung schnattern kaum Enten oder anderes Geflügel. Auf der anderen Seite stehen geometrisch korrekte Baumreihen aufgeforsteter Auwälder. Kleine Kinder gieren nach Abwechslung, nach Chaos, nach Verstörung. Also mache ich seit dem zweiten Tag immer einen Stopp, wenn Valentin protestiert. Drehe mich zum Karl-Opa, verbinde »Bub« und »Pause« zu einem Satz, biege ab und wälze mich mit dem Zwerg auf einer Wiese. Wer solche Ablenkungen nicht in den Tourplan kalkuliert, wird den Zorn des Erben zu spüren bekommen.

Ein Lastenrad passt nur in den Gepäckswaggon, aber was braucht ein kleiner Reisender schon groß zum Sitzen.

Am zweiten Tag, kurz nach den imposanten freiliegen-
den Sandbänken bei Ottensheim, sieht Valentin erstmals
einem Regenwurm beim Regenwurmen zu.

Damit wir uns nicht falsch verstehen: Es gibt allerlei
Sehenswertes in der Umgebung des Donauradweges.
Klöster und Kirchen und jede Menge Kultur, der ich ohne
schlechtes Gewissen entkomme, seit ich ein Baby im
Gepäck habe. Oder außergewöhnliche Naturszenen wie
das Idyll des vergessenen Strudengaus. Kulinarisches, die
Weinhöfe der Wachau rechtfertigen zwei Extratage im
Plan, manche haben sich auf Familien mit Kindern einge-
stellt. Nicht zuletzt kreuzt man auf dem Weg oft österreichische Geschichte, vor allem den Ort Mauthausen. Das
ehemalige Konzentrationslager wird Valentin sehen,
wenn er älter ist.

Vor allem sind aber die Menschen das Interessante: der Fährmann Pumberger in der pittoresken Schlögener Schlinge – die Donau macht hier eine absurde 180-Grad-Kurve und Pumberger nach Dienstschluss eine Ausnahme für uns drei. Die Linzer, die auf der Uferpromenade Yoga üben. Die Winzer vor Weißenkirchen, die Rebstöcke schneiden. Valentin saugt sie alle mit Blicken durch seine rote Sonnenbrille auf.

Als Opa, Vater und Sohn am fünften Tag Krems erreichen, entscheiden sie sich für den Zug nach Wien. Ab hier sind es noch achtzig Kilometer auf dem Damm.

Drei mal drei am Bodensee

Um die Stopps geht es auch auf Valentins zweiter Radtour – mit drei Jahren rund um den Bodensee, durch drei Länder, diesmal beide Opas im Schlepptau.

Das Reisen mit Opas ist toll, wenn auch nicht friktionsfrei. Stellen wir zunächst außer Zweifel, dass es für ein Kind wunderbar ist, wenn mehr als eine Bezugsperson da ist, und ein Opa ist mehr als eine Bezugsperson, er ist dem Kind oberste Instanz und erster Diener, wie ein Silberrücken, der sich dem Babygorilla unterwirft. Stellen Sie sich nun bitte vor, was mit einem passiert, der zwischen den Gorillaboss und seinen Enkel kommt. Willkommen in meiner Welt.

Außerdem gilt man ab drei Personen bekanntlich als Gruppe, und was sucht sich jede Gruppe? Einen Reiseleiter, ob er will oder nicht. Beim Reisen mit dem Kleinkind ist angenehm, dass niemand die eigenen Entscheidungen infrage stellt. Das Kleinkind erduldet. Opas nicht. Plötzlich ist man damit konfrontiert, dass jemand die Route, die Lokalwahl, das Quartier kritisiert. Meine tollen Entscheidungen infrage stellen, wo gibt es denn so was?

»Ist das g'scheit, hier und jetzt zu essen? Kommt da nix Schöneres?« – »Ich weiß es nicht, ich war auch noch nie in Bottighofen am Bodensee.« Der Reiseleiter hat nur die Landkarte in der Hand, aber den Hauch der Gruppe im Nacken.

Andererseits übernehmen Opas bereitwillig Aufgaben und zwischendurch einmal das Kind – wenn auch im Gegensatz zu Omas nur auf Anfrage. Dann aber legen sie sich wirklich ins Zeug, da spürt man die Akribie des Alters. Ein Bild wird mir nie aus dem Kopf gehen: Nachdem ich mit Valentin im Uferschlamm des Bodensees

Die Rheinmündung ist einen Abstecher wert. (links)
Reisemomente: Heinz-Opa lehrt Steinewerfen. (rechts)

herumgewatet bin, stürzt sich das großväterliche Reinigungsduo auf den Zwerg; während der Karl-Opa ihn hochhält, wischt ihm der Heinz-Opa mit zarten Taschentüchern die zarten Füße ab, bis der Enkelsohn glänzt. Der Karl-Opa schneidet dem Bub das Schnitzerl, und keiner kann Steine so über das Wasser springen lassen wie der Heinz-Opa.

Ein kleiner Tipp an Eltern: Für erzieherische Maßnahmen seitens des Vaters ist auf so einer Reise kein Platz. Silberrücken und so.

Zurück auf den Weg. Beim Kleinkind ist das Frontsitzer-Rad super, beim Dreijährigen ist es Pflicht, man kann mit dem Kind in Kiste oder Korb vor dem Lenker plaudern und interagieren. »Was ist das, Papa?« – »Eine Apfelplantage.« »Wieso steht da eine Kuh?« – »Weil hier viel Milch gemacht wird.« »Wieso ist der See da blau?« – »Weil er nicht grün ist.« Valentin thront vor seinem Vater, kontrolliert das Tempo der Opas und interagiert: »Papi,

ich will fotagrafieren.« In langsamer Fahrt hänge ich ihm den Fotoapparat um und schalte ein. Den Auslöser findet Valentin schon selbst. Die Motive nur zum Teil.

Diese Motive bestehen auf der 270-Kilometer-Runde, die Valentins Entourage in einer Woche nur zu zwei Drittel schafft, nicht nur aus altem Gemäuer und Kultur. Valentin hat auch zwei Jahre nach dem Donauradweg keinen Blick für wuchtige Kirchen und Schlösser – meine Schuld, er könnte ja längst auch bei jedem Museum johlen. Nicht einmal die mittelalterliche Anmutung von idyllischen Seestädtchen wie dem schweizerischen Romanshorn oder Arbon begeistert ihn, die älteste bewohnte Burg Deutschlands in Meersburg bleibt von ihm unbeachtet. Er sieht nur die Spielplätze daneben. Man gewinnt den Eindruck, rund um den drittgrößten See Mitteleuropas investiert man in zweierlei: blumenumrandete Seepromenaden für die Großeltern und unglaublich coole Spielplätze für die Valentins. Verbunden sind diese kleinen und mittelgroßen Orte durch gut ausgebaute und beschilderte Asphaltradwege, entlang von Bahnschienen, Feldern und Obstplantagen, manchmal in der prallen Sonne, aber fast immer flach.

Den Bodensee teilen sich drei Länder, wobei das österreichische Ufer kurz und fast nur ein Bregenzer Ufer ist, also sagen wir: Den Bodensee teilen sich zwei Länder und eineinhalb österreichische Städte. Diese drei Seiten sind ausgesprochen unterschiedlich. Die Schweizer Seite ist sehr ruhig, ein Entlangrollen, durchbrochen von besagten Spielplätzen in historischer Szenerie. Durch den Kanton St. Gallen fährt man nur kurz, ein Abstecher in die gleichnamige Stadt ist weit. Das restliche Bodenseeufer in der Schweiz gehört zum Thurgau. Es passt gut zu dem Bild, das man von der Schweiz hat, hier ist es friedlich, Kühe und Pferde stehen herum, zwischen Feldern und Plantagen. Dementsprechend hat das Familienprogramm auf dieser Seite des Bodensees oft mit Tieren, Äpfeln und Wasser zu tun. Abwechslung bietet die Eisenbahn-Erlebniswelt Locorama bei Romanshorn, nehme ich jedenfalls an. Denn Valentin steht mit großen Augen an der Tür im Zaun, die geschlossen bleibt. Weil sie nur selten öffnet, wie mir später jemand erklärt.

Die Schweizer Seite ist redundant, man kann Abschnitte davon auch mit dem Zug fahren. Der verkehrt entlang des gesamten Radweges, ist nicht günstig, aber hilfreich. Angenehm ist, wie die Orte dahinplätschern. Es sind immer nur ein paar Kilometer entlang der Felder, dann kommen wieder Häuser, dann wieder Felder. Auf dem Donauradweg sind diese Abschnitte länger.

Plötzlich sind wir in Kreuzlingen. Die Schweizer Stadt ist das unbekannte Pendant zum deutschen Konstanz, der Perle und heimlichen Hauptstadt des Bodensees. Die beiden Städte sind verwachsen, nirgends wirkt ein Grenzübergang lächerlicher als mitten in einer Stadt.

Valentin senkt den Fotoapparat in seinen Händen und schreit. »Papa, schau, da Papa, der Spielplatz.« Und was für einer. Einem Piratenschiff nachempfunden, riesengroß, der Spielplatz im Seepark, direkt bei der Zughaltestelle Kreuzlingen Hafen. Opas und Vater wechseln Blicke. Der perfekte Moment für eine Planänderung, die keiner aussprechen will.

»Ich würde vorschlagen, wir lassen Valentin da spielen und fahren dann das letzte Stück direkt von hier mit dem Zug«, sagt ein Silberrücken.

»Ja, der Bub braucht Zeit zum Spielen«, stimme ich zu.

Das folgende Verwirrspiel um die richtigen Zugtickets am Automaten führt uns schlussendlich doch zum Hauptbahnhof Kreuzlingen. Ich merke mir: Schweizer Zugsystem vorher genau checken.

Die deutsche Seite ist touristisch extrem entwickelt, was ihr den gigantomanischen Beinamen »Südküste Deutschlands« eingebracht hat. Hier gibt es für Familien und Kinder Hunderte Angebote, die oft weit vom See weg ins Land hineinreichen; das Bodensee-Hinterland ist riesig, alles was in Tagesreichweite liegt, wird als Bodenseeprogramm angepriesen. Für Radtouristen ist das nur bedingt machbar, vielleicht erreicht man das fünfzehn Kilometer entfernte Ravensburger Spieleland noch, alles darüber hinaus ist schwierig. Zumal es vom See weg fast immer

bergauf geht, zum außergewöhnlichen Affenberg Salem etwa, wo Valentin an Opas Hand die freilebenden Bewohner füttert. In einer skurrilen Mischung werden dort Berberaffen und Störche aus der Nähe gezeigt. Ein Dreijähriger, der einen Affen aus der Hand füttert, ist jeden Umweg wert.

Überhaupt liebt man am Bodensee wilde Tiere; unweit von Konstanz liegt der Wild- und Freizeitpark Allensbach. Auch dorthin kommt man mit dem Kind in der Kiste oder im Anhänger nicht automatisch, man sollte aber vorbeischauen. Ein Highlight sind die großen Bären, ein anderes die großen Rutschen, und Valentin nimmt es seinem Vater sehr übel, dass sich die Zugfahrt im Park und das Klettern und der Streichelzoo nicht mehr ausgehen.

Die Bodensee-Umrundung muss so geplant sein, dass an solchen Orten ein halber oder ganzer Tag drin ist.

Das gilt auch für den Rheinfall – einen der größten Wasserfälle Europas. Diesen Titel geben sich einige, es kommt darauf an, was man misst, Durchflussvolumen

oder Fallhöhe, oder groß im Sinn von »großartig«, Touristiker sind erfinderisch. Der Rheinfall liegt nicht auf der Route, sogar gut zwanzig Kilometer vom Bodensee entfernt, ist aber der perfekte Tagesausflug mit dem Schiff. Vor dem Ablegen in Stein am Rhein sollten Eltern ihren Kindern unbedingt die Liliputbahn und ihre rührenden Erbauer gönnen. Als sich die drei Herren in ihren Lokführer-Kostümen auf die ein Meter hohen Modellzüge setzen, fasst Valentin sofort Vertrauen. Und überlässt die Opas einmal kurz sich selbst.

Nach dem Rheinfall, den Valentin in einem Ausflugsboot mit fünfundzwanzig Indern besichtigt hat, wodurch er sich nicht entscheiden konnte, wem er mehr Aufmerksamkeit schenken soll, steht er so ruhig wie selten auf dem Schiff, das uns zurück nach Stein am Rhein bringt. Er lümmelt an der Reling am Heck, seine Gedanken versunken im Kielwasser. Ich sitze neben ihm und überlege, ob ich meinen Sohn schon einmal sinnieren gesehen habe. Ein schöner Moment für einen Vater.

Plötzlich dreht sich der Dreijährige zu mir und sagt: »Der Rhein rinnt in Österreich in den Bodensee hinein und da wieder heraus.« Valentin stellt keine Frage, er stellt es fest, ohne Warum. Vor zwei Tagen sind wir an der »Rheinmündung« in Vorarlberg gestanden. Der Fluss wird von Dämmen in den See geleitet, die Dammfahrt ist ein hübscher Umweg in die Natur und neben der Seebühne in Bregenz das Highlight des 27-Kilometer-Fuzzerls, das Österreich am Bodensee hält.

»Ja, genau«, sage ich leise, um den Nachwuchsdenker nicht zu unterbrechen.

»Aha. Gut.« Valentin legt sein Kinn wieder auf seine Arme und schaut weiter dem Kielwasser beim Kräuseln zu.

Rund um Bregenz gibt es neben der Rheinmündung noch einiges, das Kindern gefallen kann. Die Gondelfahrt auf den Pfänder zum Beispiel. Von dem hat man den besten Blick auf den Bodensee, Valentin möchte ewig auf der Aussichtsplattform verharren – wäre da nicht auch noch ein Alpenwildpark mit allerlei Getier und, wie könnte es anders sein, ein respektabler Spielplatz. Den umrahmt übrigens der Ausblick in die andere Richtung, Richtung österreichische Alpen.

Die Bodensee-Umrundung braucht wegen der vielen abgelegenen Highlights noch reduziertere Etappen als der Donauradweg. Zwanzig bis dreißig Kilometer nach dem Frühstück reichen völlig, um zum Mittagessen beim nächsten Quartier anzukommen und den Nachmittag der Entdeckung und dem Abenteuer zu widmen. Dazu sollte man ein oder zwei Tage nur für Programm einplanen. So kommt man in einer Woche zwar nur auf hundert Kilometer, aber auf viel Kinderlachen.

Valentin nimmt mir besonders übel, dass wir Schloss Wartegg nach nur einer Nacht wieder verlassen. Das gut vierhundertfünfzig Jahre alte Gemäuer liegt fünfzig Meter über dem Bodensee, was für Radankommende eine kurze Qual bedeutet. Es ist umgeben von einem englischen Schlosspark, 130 000 Quadratmeter voll knorriger Bäume, geheimnisvoller Wasseroasen, Schafen und Fußballwiesen. Im Inneren wurde aus dem Schloss ein schmuckes Bio-Hotel mit entsprechender Gastronomie, aus der früheren Großküche wurde das größte Hotel-Spielzimmer der Schweiz, aus der Badewanne Kaiserin Zitas ein kleiner Wellness-Pool. Zita kam mit ihrem Mann, Kaiser Karl von Österreich, auf dem Weg ins Exil hier vorbei, als sie Österreich 1919 verlassen mussten. Die Stimmung damals muss jener ähnlich gewesen sein, als ich Valentin zur Abfahrt rufe. Er steht mit einem Ball in der Hand auf der Wiese vor dem kleinen Fußballtor, und sein Schrei »Papa, komm!« hängt noch in den alten Schlossbäumen.

»Heute schlafen wir in einem anderen Hotel, aber dort spielen wir dann Fußball«, verspreche ich. Und weiß, dass ich lüge – wir werden dort am Hotelstrand Steine ins Wasser werfen.

Viele Quartiere am Bodensee sind außergewöhnlich. Wir schlafen in einem Schloss, einmal in einem »POD-house« auf dem Campingplatz Hüttenberg oberhalb von Eschenz. Die letzten Meter der Anreise sind für Radler schrecklich, dort trennen nicht fünfzig, sondern gut hundert Höhenmeter das Quartier vom Seeniveau. Aber es lohnt sich – einmal über dem See sein, mit weitem Blick und etwas Wiesenluft, der Spielplatz ist wieder groß, einen Pool gibt es auch, am besten gefällt Valentin aber das POD-house, eine Art Holzhöhle, in der er mit den Opas und Papa gemeinsam schläft. Kinder mögen solche Lager mehr als Erwachsene, ein fairer Ausgleich, sie dürfen ohnehin nicht oft mitentscheiden – denke ich mir, als ich um drei Uhr Früh zum achten Mal wach liege, weil ein Opa schnarcht, oder beide, so genau kann ich das nicht sagen.

Akribie der Silberrücken: Enkel Valentin hat schmutzige Füße,
also putzen Heinz- und Karl-Opa.

Noch kuscheliger ist nur das Schlaf-Fass auf dem Campingplatz Klausenhorn bei Konstanz. Aber dort bekommen die Opas ein eigenes Fass. Und Valentin tritt, schnarcht aber nicht.

Neben solchen Unterkünften, Jugendherbergen – von denen jene in Lindau zu empfehlen ist – und Schlafen im Zirkuswagen gibt es am Bodensee auch liebliche Pensionen und schicke Hotels. In der Residenz Seeterrasse in Wangen steigen wir aus drei Gründen ab: Erstens ist die Familiensuite gemütlich – überhaupt ist ein Wohnzimmer etwas, das man auf Kinderreisen zwischendurch sehr genießt. Zweitens nennen viele Harald Leissner, den Koch des Hotels, »Fischgott vom Bodensee«. Und drittens der erwähnte Hotelstrand, wo Valentin nur knapp daran scheitert, alle Kieselsteine dem See zuzuführen.

Für alle, die nicht so viel in der Gegend herumfahren wollen, liegen jedoch genug Highlights direkt am Radweg. Im Pfahlbaumuseum in Uhldingen macht sogar Museumsmuffel Valentin große Augen, eine Multimediapräsentation simuliert, man wäre unter Wasser. Nur sechzehn Kilometer entfernt davon besteigt er die Lädine, einen Nachbau der historischen Bodensee-Schiffe, und darf ans Steuer. Auf der berühmten Blumeninsel Mainau wird das Schmetterlingshaus in Valentins Gunst eine ernste Konkurrenz für den Spielplatz. Und zwischen den Glashausalleen der Weltkulturerbe-Insel Reichenau kommt der Entdecker auch einmal zur Ruhe.

Für alles braucht man Zeit. Die Welt will entdeckt werden. Nicht nur befahren.

Fazit

Reisestress ●●●○○
Kinderprogramm: Donauradweg ●○○○○
Bodensee ●●●●○
Abenteuer & Eindrücke ●●●●○
Preis ●●●○○

Eine Radtour ist die perfekte erste Rucksackreise – alles immer dabei, man kann stehen bleiben, wo man will, und spürt die Freiheit in Kleinkinderdosis. Ich empfehle unbedingt ein Rad mit Frontsitz (Kiste oder Korb), so hat das Kind den gleichen Ausblick wie der radelnde Elternteil und kann interagieren. In der jeweiligen Hauptsaison sollte man Quartiere buchen, auch wenn man dadurch nicht spontan länger bleiben kann, wenn es besonders schön ist. Ich plädiere dafür, zumindest auf manchen Etappen flexibel zu sein.

Auf dem Donauradweg von Passau nach Wien (320 Kilometer) gibt es unzählige Quartiere. In der Hauptsaison (1. Mai bis 26. Oktober) fährt täglich der »Radtramper« (früher »RadExpress«) vom Wiener Franz-Josefs-Bahnhof nach Passau (Abfahrt etwa halb acht Uhr Früh, es ändert sich jedes Jahr ein bisschen, Preis aktuell: 38 Euro, Kinder von sechs bis vierzehn 35 Euro, Radreservierung 3,50 Euro, www.oebb.at). Außerhalb der Saison haben nicht alle Gasthöfe und Quartiere offen, im Sommer sind sie oft ausgebucht. Das Hotel Donauschlinge (www.donauschlinge.at) liegt direkt in der Schlögener Schlinge, die Zimmer mit Ausblick beginnen bei 109 Euro, nicht günstig, aber ob der Schiffe und der Morgenstimmung zu empfehlen. Für Nächtigungen auch sehr schön sind Grein an der Donau und die Wachau und das Gasthaus Hinterleithner in Weins (www.hinterleithner.at).

Der Weg ist sehr gut beschildert, Planung ist für die Wahl der Uferseite wichtig. Die Strecke ist flach, die Etappenlänge eine Konditionsfrage. Die Website www.donauradweg.at ist hilfreich, aber unübersichtlich, das Tourbuch *Donau-Radweg, Teil 2* (Verlag Esterbauer) klarer. Infos zu kombinierten Schiffs- und Radreisen oder Pauschalpaketen mit Gepäcktransport findet man auf www.donauradweg.at oder bei www.pedalpower.at. Pedalpower vermittelt mit Heavy Pedals (www.heavypedals. at) auch Lasten-Kinderräder, Valentin saß im »Nihola Family« mit Sitzbank und -gurt, Regenverdeck und genug Platz für das Gepäck (Leihgebühr 30 Euro/Tag, für sechs Tage 150 Euro). Unbedingt Sonnenbrille, Hut, Decke und Sonnencreme einpacken, es kann kühl sein, es kann sonnig sein.

Die gesamte Runde um den Bodensee ist 270 Kilometer lang, wegen der vielen Programmangebote reichen aber dreißig Kilometer pro Tag und wahrscheinlich pro Urlaub nur ein Eck des Sees. Die Anreise nach Bregenz mit dem Zug ist einfach (Radplätze reservieren!), auf dem Weg kann man Etappen oft mit der Bahn oder dem Schiff erledigen. Achtung: Beides kann teuer sein, vor allem auf Schweizer Seite, weshalb die BodenseeErlebniskarte zu empfehlen ist. Die gibt es in mehreren Ausführungen.

Es ist generell nicht einfach, sich planungstechnisch am Bodensee zurechtzufinden, drei Länder, rund zehn touristische Regionen und Hunderte touristische Angebote sind noch nicht gut untereinander vernetzt. Daran arbeitet die Vierländerregion Bodensee Tourismus (www. bodensee.eu), die einen guten Überblick gibt und alle wesentlichen Infos bündelt. Dort bekommt man auch die BodenseeErlebniskarte.

Der gesamte See ist ein Tourismuszentrum mit unzähligen Quartieren, folgende haben besonderen Charme: Hotel Schloss Wartegg in Rorschach (Schweiz, gute Küche!, www.wartegg.ch), Residenz Seeterrasse in Wan-

gen (Deutschland, der Fisch!, www.residenz-seeterrasse.
com), Landgasthaus Mindelsee beim Wild- und Freizeitpark Allensbach (Deutschland, gutes Essen!, www.wild
undfreizeitpark.de, www.landgasthaus-mindelsee.de),
die Campingplätze Klausenhorn (Deutschland, Schlaf-
Fass!, www.camping-klausenhorn.de) und Hüttenberg
(Schweiz, PODhouses, www.huettenberg.ch) sowie die
Jugendherberge Lindau (Deutschland, mit Familienzimmer!, www.lindau.jugendherberge.de). Am gesamten
See gibt es tolle Fischlokale, sehr gut essen kann man
unter anderem im Wirtshaus am See in Bregenz (www.
wirtshausamsee.at).

In Bregenz sollte man unbedingt auf den Pfänder (mit
Gasthaus, Ausblick, Alpenzoo und Spielplatz, www.
pfaender.at, www.pfaenderbahn.at).

Informationen zu anderen Programm-Highlights: Liliputbahn in Stein am Rhein (www.steinerliliputbahn.ch),
Ausflug zum Rheinfall (Schifffahrt: www.tourismus-
untersee.eu, www.rheinfall.ch), Kinderland Insel Mainau
(www.mainau.de), Affenberg (www.affenberg-salem.de),
Pfahlbaumuseum (www.pfahlbauten.de), Lädinenfahrt
(www.laedine.de).

Das Tourbuch *Bodensee-Radweg. Rund um den Bodensee, Überlinger See und Untersee* (Verlag Esterbauer) hilft
auf dem Weg. Für die weitere Planung, Radverleih und
Packages inklusive Gepäckstransport ist unbedingt »Rad-
weg-Reisen« zu empfehlen. Der Veranstalter-Platzhirsch
am See hilft bei Problemen sehr rasch und hat mit dem
»Weehoo« einen Radanhänger im Leihangebot, der selbst
den Valentin-Vater zum Anhänger-Fan machen könnte.

MUSEO DEL PRADO

Spanien England: Madrid und London

*Als Kind ist jeder ein Künstler. Die Schwierigkeit
liegt darin, als Erwachsener einer zu bleiben.*

Pablo Picasso, spanischer Maler, 20. Jahrhundert

Prado und Little Venice
Städte im Buggytempo:
Wie ich nach zwanzig Trips ein erstes Mal hatte

Zu vielen Städten auf der Welt haben die meisten Menschen ein Bild. Paris ist der Eiffelturm, Rom das Kolosseum, Sydney die Oper, New York die Freiheitsstatue. Andere Städte sind bildlos. Auf »Madrid« zum Beispiel haben viele außer »Prado« nichts zu sagen. Wenige können neben dem berühmten Museum eine zweite Sehenswürdigkeit der spanischen Hauptstadt nennen. Ähnlich ist es mit Flüssen: Paris liegt an der Seine, Kairo am Nil und Kalkutta bekanntlich am Ganges. Der Fluss durch Madrid heißt Manzanares und erinnert eher an den Donaukanal als die Donau. Madrid ist mit 667 Meter die höchstgelegene Hauptstadt und mit über drei Millionen Einwohnern die drittgrößte Stadt der EU.

Ich wusste das alles nicht, bevor Valentin den ersten Städtetrip seines Lebens unternahm. Als ich mit ihm dort bin, reden gerade alle über Madrid. Valentin hat das perfekte Wochenende erwischt, die Welt blickt hierher. In ein paar Tagen spielt Atlético gegen Real im Finale der Champions League, zwei Vereine derselben Stadt, das gab es noch nie. Seit Tagen wird berichtet, alle nehmen den Namen einer Metropole in den Mund, deren Besonderheit man erst entdecken muss. Das bringt einen Vorteil für aufregendes Reisen: Man schreitet nicht die Bilder aus dem Kopf ab und überprüft im Stillen die Klischees – »ah, Eiffelturm/Forum Romanum, wirklich so imposant/verfallen wie auf den Fotos«. Madrid kann einen überraschen. Ein Kurz-Städtetrip als leichtfüßige Horizonterweiterung statt Bildungscheckliste.

Valentin kniet auf dem Schalensitz im oberen Stock des offenen Hop-on-hop-off-Tourbusses. Seine Hände umklammern die Reling, die Augen starren auf die Menschen, die unten noch anstehen, um in den Bus zu kommen. Ich setze ihm den Strohhut auf, den er gerade selbst ausgesucht hat, Valentin erträgt ihn. Die Alternative heißt Sonnencreme, und da teilen Vater und Sohn eine Aversion. Als Valentin sieht, dass ich mit den roten Ohrstöpseln hantiere, die man auf solchen Touren bekommt, will er einen davon im Ohr haben. Der Bus fährt los, der Hut fliegt davon, Valentin reißt den Stöpsel aus dem Ohr, als

eine weibliche Stimme daraus erklingt. Ich zücke die Sonnencreme, er schaut mich an wie ein Stier den Torero, dreht sich wieder zur Reling, sagt »Duda brrrr« und meint die Autos. Ich akzeptiere das. Schaue auf die alten Fassaden in den engen Gassen. Und überlege, ob ein Städtetrip mit Kleinkind wirklich eine gute Idee ist.

Ein Buggy ist es jedenfalls: Ich verteufle das Gefährt zwar kurz, als ich in dem engen Auf- und Abgang des Sightseeingbusses stecken bleibe, fluche wild und hoffe, dass keine deutschsprachigen Touristen an Bord sind. Aber kaum aus der Tür getreten, bin ich wieder dankbar. Valentin sitzt im Buggy, das Sonnendach ersetzt den Hut, und während der Sohn raunzt, weil er jetzt keine Autos mehr von oben sieht, mache ich mich auf die Suche nach einem Café. Das muss der Vierzehnmonatige jetzt ertragen.

Die junge Frau, die mir den Espresso serviert, erkennt den Vater-Sohn-Konflikt und hilft mit ein bisschen spanischem Kinderbespaßen aus, ich danke ihr mit einem Lächeln. Sie fragt, ob wir essen wollen, ich sage »Tapas«,

fünf Minuten später schiebt sich Valentin Oliven in den Mund und grinst noch immer die Kellnerin an. Freundliche Menschen und gutes Essen sind alles, was zählt.

Nach der Rast lasse ich mich auf Valentins Programmwünsche ein. Ich horche in ihn hinein, und mein Sohn erkennt schnell das Geheimnis Madrids: die Parks. Erwachsene empfinden es oft als Verschwendung, in einer fremden Stadt im Gras zu liegen, da hätte man ja gleich zu Hause bleiben können. Aber hier ist »Park« anders, es ist Teil des Lebens, die Madrilenen rekeln sich sogar im gestriegelten Parque del Buen Retiro spärlich bekleidet wie unsereins im Freibad. Sie schauen den Touristenlemmingen auf dem Wasserbecken zu, die sich erst zwanzig Minuten anstellen, um dann sieben Euro fünfzig für die Bootmiete zu berappen, damit sie fünfundvierzig Minuten lang das fußballfeldgroße Bassin abfahren können. Ich frage Valentin mit Blick auf die Szene, die wie eine langsame Wasserversion von Autodrom wirkt, ob er auch Boot fahren will. Er sagt »brrrrr«, diesmal danke ich ihm.

Der Retiro mit seinen Statuen ist das Prunkstück der gepflegten Madrider Parks, wobei ihm die neu gestaltete Flüsschen-Promenade Madrid Río Konkurrenz macht: 8500 Laternen, 5500 Bänke, 33 000 Bäume – man möchte Leben an den Fluss und »Manzanares« endlich in die Köpfe der Touristen bekommen. Jetzt wirkt alles noch steril, daran ändern auch zwei schmusende Madrilenen nichts, die Valentin im Vorbeigehen anplappert.

»Ich würde euch jetzt einmal alleine lassen«, bittet Valentins Mutter um Auszeit. Katrin spricht aus, was wir beide merken: Städtetrips sind immer hedonistisch geprägt, in ihrem Fall mit Shopping verbunden, oder zumindest mit dem Anschauen der Geschäfte. Städtereisende suchen oft das Mondäne, den Urban Chic. Mir ist Shopping ein Gräuel, aber ich lümmle gerne in typischen Lokalen herum, in einem Café oder einem Pub oder einer Tapas-Bar. Beobachte ein bisschen, lese endlich wieder einmal ein Buch und gebe mich der vertrauten Ruhe in einer fremden Umgebung hin.

Ein Kleinkind schätzt weder Shopping noch Beislflair. Hier mag das Reisen mit dem Nachwuchs an eine Grenze stoßen.

Das will ich natürlich nicht wahrhaben. Ich muss nur anders planen, mich darauf einstellen. Also: Den üppigen und doch unscheinbaren Palacio Real passiere ich im Stechschritt, während Valentin schläft. Als er unüberhörbar wieder wach ist, suche ich die Natur und finde eine echte Stadtwildnis: Der Casa de Campo ist den Madrilenen, was den Wienern der Prater ist, wuchernde Wege, Hügel, ein See, der Vergnügungspark (Parque de Atracciones) und der Zoo Aquarium Madrid. Die naturbelassenen Pfade sind gut für das Gemüt, aber nicht für den Buggy. Das Kind will nicht über Stock und Stein geschüttelt werden, also trage ich es auf dem Arm und schiebe den Buggy. So grandios ein Buggy beim Städtereisen sein kann, jetzt fluche ich wieder. Und schwitze. Wie kann es im Mai so warm sein? Ich streife einen Einheimischen beim Vorbeigehen, eindeutig meine Schuld, aber er lächelt mich an und sagt: »No pasa nada!« Macht nichts. Mir macht das alles gerade schon etwas, aber sein Lächeln besänftigt mich.

Bei einem kleinen See setze ich uns auf den Boden. Ich

blicke abwechselnd auf die Kanuten, die hier ihre Runden drehen, und auf Valentin, der ohne Rücksicht auf Abhandenkommen davonkrabbelt. Ich sehe ihn zwischen den Bäumen bald nicht mehr, aber ich sehe die Staubwolke. Das genügt, es geht allen gut.

In der folgenden Nacht macht sich Valentins Entdecker-Workout bezahlt. Er schläft, obwohl Atlético- und Real-Aficionados die Stadt mit Hupen und Schlachtgesängen beleben. Ich dagegen stehe wie ein Packesel mit Schlafstörung auf dem Hotelbalkon über der zentralen Calle Gran Vía und denke gegen drei Uhr: Eine südeuropäische Stadt zum Fußballhöhepunkt der Saison zu besuchen, ist wie die Kirschblüte-Zeit in Japan – eindrucksvoll, aber irgendwann ist's dann auch wieder gut.

So mag es am nächsten Tag am Grant des müden Vaters liegen, dass der Sohn die Kunst im Prado nur mäßig

Städtetrips brauchen Hedonismus: Sohn und Vater kosten in der Tapas-Bar eine kalte Gemüsesuppe.

schätzt. Schon beim Anblick der Warteschlange maule ich, wie wird das erst beim Anblick der Gemäääääälde? Katrin sagt nichts, sie fürchtet um ihren geliebten Museumsbesuch. Aber dann. Ein Mann in Museumsuniform tritt auf uns zu, deutet auf den Kinderwagen, sagt etwas, das ich nicht verstehe, und zeigt zur zweiten Schlange. Die gar keine Schlange ist, sondern ein leerer Korridor, für eine Schlange gemacht. Ich möchte dem Mann den gesamten Dank aller Eltern und ihrer Kinder entgegenbringen und sage: »Grazie. Graaazie.« Das spanische »Gracias« hätte besser gepasst.

Ein Buggy als Jacken- und Pulloverablage macht stundenlanges Bilderanschauen erträglicher, aber nicht erträglich. Auch Valentin will sich weder von Goya oder Tizian noch Rubens oder Rembrandt überzeugen lassen, wir nerven gemeinsam die kulturbegeisterte Mutter.

Madrid, wenn beide Fußballvereine im Champions-League-Finale stehen: fröhlich, laut und betrunken

»Wieso geht ihr beide nicht einfach raus? Wir treffen uns dann im Park.«

»Aber wir wollten doch gemeinsam das Museum besuchen. Damit Valentin das auch kennenlernt.« Meine Worte klingen nicht ernst, so sehr ich mich auch bemühe.

»Ich bitte dich«, ist die einzig richtige Antwort darauf.

Ich trotte also mit dem Banausensohn aus dem Prado. Etwas schuldbewusst – was soll aus dem Kind bloß werden – erkläre ich ihm dabei mit Kinderfernsehen-Fröhlichkeit, dass der Prado ursprünglich als naturwissenschaftliche Sammlung erbaut wurde und von drei Millionen Menschen jährlich besucht wird. Ich merke, wie dämlich das ist, und ärgere mich, dass wir kein Foto gemacht haben. Fotografieren ist hier streng verboten, da hört sich jedes »No pasa nada!« für die Spanier auf. Ich positioniere Valentin trotzdem im Buggy auf den Stiegen beim Eingang zur ersten Halle, wo die üppigen Bilder hängen, die alle bestaunen. Valentin durchbricht die »Ah«-»Oh«-Wolke der Begeisterten mit Quietschen, er merkt genau, hier geschieht Verbotenes. Ich zücke die Kamera, knipse, knipse, knipse, Valentin wirft sich vergnügt herum, das Wachpersonal rührt sich, ich greife den Buggy, schleife ihn über die Stufen, raus, raus, raus. Die Wachen folgen uns nur bis zur Tür, ich laufe draußen trotzdem noch um die Ecke und stelle mich zu einem Straßen-Gitarrenspieler, dessen Klänge Valentin sofort in ihren Bann ziehen. Ich werfe fünf Euro in den Gitarrenkoffer, setze mich daneben ins Gras, Valentin grinst, ihm hat die kindische Einlage gefallen. Pablo Picasso sagte einmal: »Ich brauchte ein Leben lang, um so zu malen wie die Kinder.«

Endlich auf dem Kanal

Nach Madrid denke ich mir, no pasa nada!, andere brauchen ein Leben lang, um so zu reisen wie ein Kind. Ich gebe das Projekt Stadtentdeckung mit Valentin nicht auf, und so geht es ein Jahr später nach London. Dort habe ich eine Art Heimvorteil, die Stadt ist mir vertraut, es hat sich ergeben, dass ich gut zwanzig Mal dort war und London ganz gut kenne.

Das Kinderprogramm in London ist einigermaßen gut ausgebaut, aber wie in allen Städten ist es eher erst für Kinder ab vier Jahren vorgesehen. Basteln in der »Cutty Sark« zum Beispiel, dem historischen Dreimaster, den man im Hafen von Greenwich erkunden kann. Oder die Führungen in den vielen Museen mit Autos, Flugzeugen und Eisenbahnen. Wenn es schön ist, sind auch in London die Parks ein Highlight. Vor allem der Diana Memorial Playground ist ziemlich cool, eine bekannte Szenerie in einer fremden Welt. Da sitzen die asiatischen Nannys, während ihre Schützlinge das hölzerne Piratenschiff kapern oder mit Wasser pritscheln. Valentin mischt sich unter das multikulturelle Spielevolk, ich sinniere inzwischen darüber, dass er wahrscheinlich zum ersten Mal mit Kindern anderer Hautfarben spielt. London vereint die Menschen der ganzen Welt, das mag ich so an der Stadt, und dieser Spielplatz vereint die Kinder.

Diese Ecke der Stadt ist generell zu empfehlen, nicht weit von Kensington Gardens, wo der Diana-Spielplatz ist, liegt Notting Hill mit den bunten Türen und dem bunten Treiben des Portobello Market. Auf der anderen

Seite schließt der Hyde Park an die Kensington Gardens, wo es sich vorzüglich in der Wiese kugeln und Ball spielen lässt. Besondere Sehenswürdigkeit im Park sind die Eichhörnchen, die aus der Hand fressen. Valentin bemerkt, dass diese »Squirrels« anders aussehen als bei uns. Grau und mit längerem Schwanz.

Außerhalb der Parks sind für Valentin vor allem die Doppeldeckerbusse spannend. Auch die Wachablöse vor dem Buckingham Palace entlockt ihm gewisse Begeisterung. Aber so richtig toll findet ein Zweijähriger London, wenn ihm hundert Meter von den Wachsoldaten entfernt die Enten und Gänse im St. James's Park nachwatscheln.

Reisen mit Kind darf nicht nur einfach funktionieren. Es muss alle, Eltern und Kind, bereichern. Das ist uns in Camden passiert. Dorthin wollte ich immer schon, habe es aber noch nie geschafft. Der rotzige Stadtteil, in dem der wilde Markt alles anbietet, das irgendwie als »abgefahren« durchgeht, ist das Chaos, das Kinder mögen. Valentin käme mit dem Schauen gar nicht nach, hätte ich

mit dem Kinderwagen nicht so große Mühe, durch die Massen zu steuern. Ich schaue ihn an, er mich, der Sohn ist dankbar, dass der Vater ihm das Chaos zumutet, der Vater ist dankbar, dass er mitspielt. Und dass er so endlich einmal nach Camden kommt.

Weil ich mit Valentin eine Bootsfahrt machen möchte, die ich als Erwachsener auch beim hundertsten London-Besuch nicht gemacht hätte. Bis zu dieser Reise wusste ich nicht einmal, dass es sie gibt.

Wir drängen uns über die immervolle Brücke hin zu den noch volleren Ständen des Camden Lock Markets, einer viel zu engen Ansammlung von Ständen und Planen rund um eine Bootsanlegestelle. Es ist ein Gedränge wie im Basar von Istanbul, die Blicke des Kindes überschlagen sich, schließlich findet der Vater doch noch Platz auf einem der langen Flachboote, die man eigentlich in Amsterdam erwartet.

Der Regent's Canal ist eine der beinahe vergessenen Londoner Kanalverbindungen und führt durch ein Lon-

don, das man sonst nicht sieht: alte Dock-Häuser mit begrünten Wasserterrassen und den London Zoo von der Rückseite. Der hat im Kanal eine eigene Haltestelle, die Gehege reichen bis zum Wasser. Wir fahren an einem Haus vorbei, das als eines der teuersten Londons gilt und dessen Garten vermuten lässt, dass es stimmt.

Valentin reißt die Augen aus einem anderen Grund auf. Er zeigt in Fahrtrichtung, und ich sehe, was er meint: eine besonders enge Tunnelröhre, durch die der Kanal führt. Er drückt sich an mich und ist ergriffen wie selten, als es dunkel wird. Danach widmet er sich wieder vorbeischwimmenden Enten und dem Wasser, das so nah an dem tiefen Boot vorbeizieht, dass man es greifen möchte.

In Little Venice, einem Kleinod der Großstadt, brüten Wasservögel auf einer kleinen Insel. Der Regent's Canal trifft hier den Grand Union Canal, zehn Gehminuten entfernt von der Paddington Station. Dort ist London wieder so, wie ich es kenne. Ich entscheide mich für einen neuen Versuch, den Nachwuchs-Stadtreisenden für eine kleine Lokalrast zu begeistern. Und während ich im Pub den ersten Schluck Cider mache und das Fußballmatch im Fernsehen verfolge, schläft Valentin mitten im Pub, auf einer weichen Lederbank, langsam ein.

Fazit

Reisestress

Kinderprogramm

Abenteuer & Eindrücke

Preis

Städtetrips mit Kind sind nicht einfach, man muss sie atypisch anlegen: mehr Alltagsplätze, weniger Programmhighlights. Anreise und Unterkunft lassen sich dafür einfach und oft günstig finden, schließlich fliegt man in eine Stadt. Es gibt fast immer Direktverbindungen, nach Madrid und London ab Wien jedenfalls; es lohnt sich, Angebote zu suchen. In Madrid hält direkt am Flughafen die U-Bahn, in London sind alle Flughäfen durch U-Bahn oder Züge mit der Innenstadt verbunden.

Packages mit Flug und Quartier bieten alle großen Reiseveranstalter, ich zahlte für die Madridreise (3 Nächte) bei Thomas Cook/Neckermann Reisebüro (www.neckermann-reisen.at) knapp 400 Euro in einem guten Hotel, für Valentin nur den Flug. In London lohnt sich eine genaue Planung bezüglich Lage (welchen Teil der Stadt will man sehen) und Art der Unterkunft: familiär im englischen Stil, City-Hotels oder günstige Minizimmer-Hotels (zum Beispiel liegt das easyHotel Paddington sehr gut und ist schnell vom Flughafen Heathrow erreichbar, www.easyhotel.com). Unterkünfte in Vororten würde ich nicht empfehlen, das tägliche Einpendeln strapaziert die Kindergeduld und damit den elterlichen Reisenerv.

Im Museo del Prado ist üblicherweise der Eintritt ab eine Stunde vor dem Schließen frei, aktuelle Ausstellungen, Öffnungszeiten und Ticketpreise unter www.museodelprado.es. Informationen zu den Parks und Sehenswürdigkeiten unter www.esmadrid.com.

Die Website des Londoner Tourismusbüros (www.visitlondon.com) ist sehr übersichtlich, zu Spielplätzen und Parks findet man Infos unter www.royalparks.org.uk.

Gosau-Herrer weg 3h 611
Zwieselalm 30min
ÖAV Sektion Neugablonz-Enns

Gosausee
Gosaukammbahn 620
ÖAV Sektion Neugablonz-Enns

Rottenhofhütte
ÖAV Sektion Neugablonz-Enns

Via Alpina

Oberösterreich
Salzburg
Niederösterreich:
Gosaukamm
und Ötscher-
gräben

*Zwei Dinge sollen Kinder von ihren
Eltern bekommen: Wurzeln und Flügel.*

Johann Wolfgang von Goethe, deutscher Dichter,
18./19. Jahrhundert

Schlafende Riesen und tiefe Gräben
Die Almwiese als Spielteppich:
Wieso sich Wandern mit Kind neu erfindet

Es gibt einen Spruch unter Alpinisten: Ein guter Bergsteiger ist ein alter Bergsteiger. Vermutlich weil er gelernt hat,
mit Risiken umzugehen.

Alpendebütant Valentin sieht kein Risiko, als er von
der Terrasse der Gablonzer Hütte die Dachstein-Glet-
scher in der Ferne betrachtet. Fünfzehn Monate alte Entdecker haben dafür keinen Blick. Sie sehen Vögel. Ziehen
Wiesengerüche durch die Nase ein und lassen sich von
riesigen grauen Steinen ein Staunen ins Gesicht zaubern.

Dieses Staunen bleibt für immer.

Valentin schaut die steile Felswand aufwärts, bis sein
Blick am Gipfelkreuz des Großen Donnerkogels hängen
bleibt. 700 Meter weit unter ihm wirkt der Vordere
Gosausee wie eine Badewanne. Valentin krabbelt auf der
Almwiese eilig Richtung Abhang. In seinen großen Augen
erkenne ich, dass seine Gedanken gerade Flügel bekommen. Zeit, dem Sohn die Wurzeln zu geben, die man in
den Bergen braucht. Ich schnappe Valentin, bevor er zu
einer Lawine wird, die erst der Gosausee aufhalten würde.

Der Gosaukamm bildet die Grenze von Salzburg und
Oberösterreich und ist als Wandergebiet eine Art Wun-

derwuzzi. Hier können die einen in High Heels auf Asphalt am Gosausee flanieren, während andere mit Kletterseilen die schroffen Zacken des Kammes besteigen. Dazwischen gibt es alle Schwierigkeitsgrade.

Ich wandere mit Valentin über den Herrenweg zur Gablonzer Hütte. Der zieht ständig, aber nie zu steil, aus dem Tal Richtung Berg, über Waldsteige, Forststraßen und Wege erreicht man in knapp vier Stunden vom Ort Gosau den Kamm. Eine Halbtagestour mit 800 Höhenmeter, die mit Kind in der Trage leicht zur Tagestour wird. Eine schmale Holzbrücke – eigentlich nur zwei Baumstämme – über einem Bach – eigentlich nur ein Rinnsal – gefällt Valentin so gut, dass ich sieben Mal hinübergehen muss. Beim kurzen Stopp auf einer Lichtung macht er den Waldboden zum Spielteppich und erweckt Tannenzapfen und Flechten zum Leben. Die Begegnung mit einer Kuh dauert ewig, und als ich ihm zeige, dass man die Löwenzahnsamen wegblasen kann, studieren wir zwanzig Minuten lang, ob das bei jedem Löwenzahn funktioniert.

So toll ich das Reisen mit kleinen Kindern finde, so deutlich sage ich: Man reist mit ihnen anders. Das tut den meisten Menschen gut, weil sie auf dem Weg zum Erwachsenen zwischen Sicherheitsdoktrin und Planungszwang das Gefühl für wirkliches Treibenlassen verloren haben. Am meisten ändert sich die Zeit auf dem Berg. Ich bin ein leidenschaftlicher Wanderer und die zwei Monate, in denen ich von Bregenz nach Wien gewandert bin, werden für immer zu meinen Lieblingsmonaten zählen. Als ich mich aber daransetze, die ersten Alpintage mit Valentin zu

Rast am Gosausee: Kleinkinder brauchen keine langen Wandertouren, sie brauchen den Duft einer Wiese.

organisieren, wird mir bald klar: Quartierwahl, Tourplanung, Ausrüstung – diesmal muss alles auf den Sohn abgestimmt sein. Sonst geht es um Etappen, diesmal um das Zentrum. Wahrscheinlich könnte ich den Zwerg stundenlang von einer Hütte zur nächsten tragen, aber wozu? Ich fühle mich ausreichend trainiert, oder sagen wir: zufrieden untrainiert. Und wieso einem Fünfzehnmonatigen das Dauersitzen in der Trage besser gefallen soll als Herumkugeln auf einer Wiese, erschließt sich mir nicht.

Also gehe ich mit dem Sohn nicht auf Weitwanderung, sondern mache die Gablonzer Hütte zum Basislager für Tagestouren. Dort gibt es einen grandiosen Rundumblick, gute Verpflegung, und weil der herzliche Wirt Roland eine Tochter hat, gibt es auch Schaukel und Rutsche für kleine Valentins.

Die Hütte eignet sich als Quartier sogar für jene, die nur spazieren gehen wollen. Sie liegt fünf Gehminuten oberhalb der Gosaukammbahn-Bergstation, die Fahrt mit der steilen Seilbahn ist aufregend und die Zehnminuten-Alternative zum Herrenweg. Vor allem, falls es regnet. Eine Gondelbahn ist allerdings auch Fluch, die Gablonzer Hütte erreicht jeder, ob bergaffin oder nicht. Valentin zum Beispiel beäugt die Gruppe amerikanischer Teens skeptisch.

»Das passt schon. Ist ja für jeden Platz auf dem Berg«, sagt Hüttenwirt Roland beim Abendessen. »Ist ganz angenehm, dass viele Tagesgäste mit der Seilbahn kommen, dafür sind es am Abend weniger. Da ist es ruhiger.«

»Gehen dir die Halbschuhbesucher nie auf die Nerven?«, frage ich.

»Aber geh. Auf die Nerven geht dir da heroben keiner. Darf jeder kommen. Und wenn du schaust, wie die manchmal begeistert sind, ist das doch eine Freude.«

Die Wanderregion Dachstein West erstreckt sich rund

um die Gablonzer Hütte ohne größere Höhenunterschiede von Alm zu Alm, es gibt gratis Leihkinderwägen ab der Gondelstation, Doppelsonnenliegen und Wiesen, auf denen Kinder hervorragend Wurzeln schlagen können. Und Müdigkeit stellt sich auf 1600 Meter auch ein, wenn man nur den Almenrundweg geht.

Unsere Nächte sind trotzdem nicht störungsfrei. Höhenluft treibt den Stoffwechsel an. Das Ergebnis: zwei volle Windeln und zwei nächtliche Flascherln für Valentin, der eigentlich seit Monaten durchschläft. Als ich zum dritten Mal in der Nacht wach bin, notiere ich geistig: Mit Kleinkind unbedingt ein Zimmer nehmen. Bettenlager wäre zu abenteuerlich.

Es kommen auch geübte Wanderer und Bergsteiger. Für sie ist die Gablonzer Hütte Ausgangspunkt für Klettertouren oder die Gosaukamm-Umrundung. Die wirkt zwar auf den ersten Blick sanft, der Austriaweg zur Stuhlalm zieht schräg über die Westhänge des Kammes. Und doch geht es immer wieder hinauf und hinunter, man

darf den Weg mit Kind am Rücken nicht unterschätzen, ein schmaler Steig durch steile Schotterfelder. Bergunerfahrene sollten die Etappe mit Respekt angehen.

Valentin begegnet dem Weg mit respektvollem Schnarchen. Erst bestaunt der Zwerg auf meinem Rücken noch die schlafenden Gipfelriesen. Dann blicken die Riesen auf den schlafenden Zwerg. Das rhythmische Schnaufen des Vaters ist für Kinder in der Trage oft besser als jede Spieluhr.

Nach zwei Stunden wacht Valentin rechtzeitig auf, um die Aussicht auf das Tennengebirge und Richtung Hochkönig, bis zu den Hohen Tauern, zu genießen. Ich hieve die Trage auf der Stuhlalm hinunter, und während wir auf den legendären Kaiserschmarren warten, erzähle ich Valentin eine Geschichte, der er unmöglich folgen kann: »Weißt du, diese Hütte hat jahrelang der Vater von Marcel Hirscher betrieben, das ist der beste Skifahrer in Österreich. Magst du eigentlich auch schon Ski fahren gehen? Und der Hirscher Marcel hat hier als Kind gaaaaanz viel gespielt.«

Valentin starrt mich an wie einen sprechenden Stein.

»Na weißt du, das ist so spannend, weil der Marcel Hirscher hat am gleichen Tag Geburtstag wie du, auch am 2. März, toll oder?«

Mein fünfzehn Monate alter Sohn rutscht von der Holzbank und krabbelt Richtung Wassertrog. Nach dem Kaiserschmarren gehen wir den gleichen Weg zurück, wieder Schnaufen, wieder Schlaf.

Würde man dem Rundweg folgen, käme die steile Durchgangsscharte und danach ein angenehmer Weg bis zur schön gelegenen Hofpürglhütte. Am zweiten Tag ginge man über den Steiglpass, die größte Herausforderung der Strecke, oder vielleicht nur die zweitgrößte: Danach geht es 1000 Höhenmeter sanft bergab zum Gosausee. Mit Kind im Kreuz wäre der Abstieg durchaus anspruchsvoll.

Valentin schläft noch immer, als ich auf der Gablonzer Hütte meinen Durst lösche. Als er aufwacht, schaut er den Donnerkogel schon an wie einen guten Freund.

Echter Berg, glücklicher Zwerg

Zwei Jahre später gefällt Valentin das Wandern auch auf eigenen Beinen. Einen besonderen Schub gab dabei der Kauf von Wanderschuhen, die der Dreijährige am liebsten immer tragen würde.

»Dann fahren wir doch am Wochenende wandern, wenn du die Schuhe so gerne anhast.«

»Ja, Papiiii. Und dann bin ich ein super Wanderer.«

»Okay, dann lasse ich die Trage daheim. Du gehst den ganzen Weg alleine?«

»Jaaaa, Papi. Weil ich bin ein super Wanderer. Wo fahren wir hin?«

»Zu einem echten Berg, Valentin. Mit dem Zug zu einem echten Berg.«

Große Augen.

Wer sich dem Ötscher von Osten nähert, erlebt einen dieser Momente. Valentin hat beide Handflächen an der

Scheibe der Mariazellerbahn und starrt auf den Ötscher. Plötzlich ragt der graue Brocken aus dem waldigen Grün der Mostviertler Hügel, hier heißt es »alpines Mostviertel«, und das passt. Von Weitem sieht man den Rauhen Kamm und den Gipfel des Großen Ötscher, er ist von Wien kommend der erste echte Berg. Er sticht aus der Sanftheit der Voralpen heraus und ist von einer wunderbaren Vielfalt an Möglichkeiten umgeben: Von Klettereien über richtige Bergwanderungen bis zum Acht-Tage-Rundwanderweg bietet das Ötschergebiet alles, was sich der gelernte Österreicher unter einem Berg vorstellt. Gipfelstürmer finden hier ebenso eine Tour wie Familien.

»Ötscher-Tormäuer« ist mit 170 Quadratkilometern der größte Naturpark Niederösterreichs. Bergaffine Eltern finden für sich und ihre Nachwuchswanderer Wege mit überschaubaren Längen und überschaubarer Anstrengung, und vor allem viel zu entdecken. Beim Wandern ist nicht immer der Weg das Ziel, sondern das Sehenswerte daneben.

In Wienerbruck steht das neue und sehr ansehnliche Naturparkzentrum Ötscher-Basis, nebenbei gesagt mit sehr gutem Essen und bemerkenswerter Philosophie: Man bietet hier fast nur lokale Produkte – und bleibt dabei nachhaltig stur. Wir warten auf unseren Naturvermittler. Die ausgebildeten Mitarbeiter kann man buchen und sich von ihnen nicht nur den Weg zeigen, sondern auch Tiere, Pflanzen und Gegend erklären lassen.

»Hallo, ich bin die Katja, ich gehe mit euch.« Der Naturvermittler ist eine Vermittlerin. Die junge Katja

Kalt & cool: In den Ötschergräben muss man sich Zeit für einen – kurzen – Abstecher zum Bach nehmen.

streckt Valentin die Hand entgegen, er gibt ihr seine, eine seltene Auszeichnung bei neuen Menschen, und sagt: »Ich bin schon ein Wanderer.« Er trinkt seinen Apfelsaft in einem Zug aus wie einer, der etwas vorhat.

Der Abstieg von Wienerbruck in die Ötschergräben führt über einen pittoresken Weg, einst der Steig der Holzknechte. Als Valentin neben Katja über den ersten Steg geht, ist er verzaubert von den Bäumen, die sich über der anfangs kleinen Schlucht ausbreiten und die Sonnenstrahlen in sanfter Dosis hereinlassen. Die erste Brücke über den Sturzbach wird viermal begangen, die Schnecke an der Felswand gegrüßt, jeder Wasserzugang wahrgenommen. Als Katja ihm beim Lassingfall allerlei tierisches Leben im und um den Bach erklären will, greift

Valentin trotzdem lieber zum Stein. Nichts ist schöner als die Kreise im Wasser.

Außer vielleicht die kleinen Tunnel im Fels, durch die der Weg führt. Der Steig ist für Kinder und Eltern eine eigene Sehenswürdigkeit, über die man Stufen und Zeit vergisst. Und an deren Ende man plötzlich an der Erlauf steht. Diese leicht erreichbare Wildnis ist der große Pluspunkt des Ötscherparks. Der Gebirgsbach zwei Meter neben dem Weg, immer gut für eine kurze Rast, Füße rein, Augen auf, alles gut. Die kleinen Flüsse der Region haben zwischen mächtigen Steilwänden und unwegsamen Hängen Täler geschnitten, in denen man nahezu eben dahinwandert. Das brachte der Gegend den Beinamen »Grand Canyon Österreichs« ein und dem Wanderer eine Bergkulisse bei geringem Kraftaufwand. So bietet sich von Ötschergräben bis Tormäuer ein ganztägiger Schluchtenweg entlang der Erlauf und des Ötscherbaches. Für die Strecke zwischen Erlaufboden und Vorderötscher braucht man fünf Gehstunden. So lange geht

Valentin noch nicht, aber auf diesem Weg schafft man es, das Kind zwischendurch auch zu tragen.

Noch besser zugänglich wurde das Gebiet im Zuge der Niederösterreichischen Landesausstellung 2015. Damals wurde die Mariazellerbahn gerettet und erneuert. Mit der Bahn zu fahren, ist nicht nur eine angenehme Form der Anreise, sondern auch praktisch, die Autofahrt über kurvige Straßen kann nerven. Und die Bahn bildet mit den Hauptwanderrouten eine Symbiose: 90 Prozent der Besucher steigen bei Wienerbruck in die Gräben, gehen bis zur einfachen, aber traumhaft gelegenen Jausenstation Ötscherhias und entlang des verwinkelten Erlaufstausees zum Bahnhof Mitterbach, von wo sie mit der Mariazellerbahn zurück nach Wienerbruck fahren. Eine schöne Dreistundenrunde, auch abkürzbar über die Haltestelle Erlaufklause. Oder erweiterbar: Besonders für Familien ist die Gemeindealpe (1626 Meter) mit ihrer Rollerbahn ein beliebter Programmpunkt, von Mitterbach fährt ein Lift auf den Berg.

Auch Valentin verlässt nach einer Stärkung beim Ötscherhias mit seiner Mama, die ebenfalls mit von der Partie ist, und Katja den Graben, Papa eilt weiter ans Grabenende und gelangt über noch mehr Wildnis zum Schutzhaus Vorderötscher. Von dort führt ein 800-Höhenmeter-Weg auf besagte Gemeindealpe.

Dort wird mir bewusst: Ich würde als Wanderer am Schutzhaus Vorderötscher nur kurz einkehren und feststellen, wie hübsch es ausgebaut worden ist. Im Zuge der Landesausstellung wurde es stilecht renoviert, moderne Gaststube trifft alte Berghütten-Zimmer. Ich würde kurz etwas Gutes essen, aber wäre auf dem Sprung. Mit Kind ist dieser Ort perfekt als Basislager. Zwei, drei Tage hier verbringen, einmal im mystischen Wald stöbern gehen, einmal Richtung Berg wandern, einmal nur auf der Wiese herumkugeln. Wie auf der Gablonzer Hütte, nur beim Ötscher.

Vom Schutzhaus kann man auch Richtung Ötschergipfel (1893 Meter) aufbrechen, ein einfacher Weg, aber 1000 Höhenmeter Aufstieg. »Wenn Valentin größer ist«, sage ich leise zu mir. »Und wenn er dann groß ist …«, setze ich fort und denke an den Rauhen Kamm, die schönste Aufstiegsroute zum Großen Ötscher. Der Kamm wird seinem Namen gerecht, man kann links und rechts hinunterfallen, ein echter Berg eben. Das wird dem Sohn gefallen. Wie die gemeinsame Acht-Tage-Ötscherumrundung mit dem Vater. So stellt sich ein Papi das vor.

PS: Im Sommer bin ich mit meiner Tochter Rosemarie auf den steirischen Zirbitzkogel gestiegen. Der Bruder hatte Besseres zu tun. Drei Erkenntnisse daraus: Man kann ein sechs Monate altes Baby bedenkenlos auf 2400 Meter tragen. Das Flascherl schmeckt auf dem Gipfel am besten. Und wenn Sie in der Gegend um Neumarkt beziehungsweise Mühlen in der Steiermark sind: Gehen Sie von der Tonnerhütte aus auf den Berg. Es lohnt sich. Valentin wird auch bald in den Genuss kommen.

Fazit

Reisestress
Kinderprogramm
Abenteuer & Eindrücke
Preis

Ich finde, am besten entdecken Kinder einen Berg von einem fixen Quartier aus. Eine schöne Berghütte, ruhig mit ein wenig Komfort, von der aus man jeden Tag etwas entdecken kann, einmal eine kleine Wanderung, einmal nur die Natur beobachten, einmal die Füße in einen Bergsee oder einen Bach stecken. Meist ist schon die Almwiese neben der Hütte ein Höhepunkt. Nehmen Sie sich unbedingt ein Zimmer, große Bettenlager sind dann doch zu abenteuerlich.

Allzu oft wird man eine Rückentrage für Wanderungen nicht nutzen; sobald der Nachwuchs gehen kann, will er das auch tun. Und da gute Modelle nicht unter 180 Euro zu bekommen sind, ist Ausborgen eine gute Option. Apropos gut: Sonnendach und möglichst breite Sitzfläche für das Kind sind aus meiner Sicht am wichtigsten.

Auf den Gosaukamm kommt man am einfachsten von Gosau aus, man kann aber auch von der Annaberger Seite zur Stuhlalm gehen. Gosau erreicht man mit Zug und Bus, wer mit dem Auto anreist, kann bei der Gosaukammbahn gratis parken. Betriebszeiten und Informationen zu Wanderwegen findet man auf www.dachstein. at. Wer über den Herrenweg hinaufsteigen will, wird wahrscheinlich eine Nacht im Ort verbringen, der Brandwirt liegt gleich am Anfang des Weges (www. brandwirt.at).

Die Gablonzer Hütte liegt fünf Minuten von der Seilbahn entfernt, die Übernachtung im Zimmer kostet für Alpenvereinsmitglieder 16 Euro, mit Halbpension 41 Euro. Kinder von drei bis sechs Jahren zahlen 8 beziehungsweise 22 Euro (www.gablonzerhuette.at).

Tourmöglichkeiten: rund um den Gosausee (kinderwagentauglich, rund eine Stunde); Almenwanderung ab der Seilbahn-Bergstation (kinderwagentauglich, rund zweieinhalb Stunden); auf dem Austriaweg von der Gablonzer Hütte zur Stuhlalm (rund zweieinhalb Stunden); Umrundung des Gosaukamms rund zehn Stunden, Übernachtung auf der Hofpürglhütte.

Zum Ötscher reist man stilecht mit der Mariazellerbahn ab St. Pölten. Das ist zwar langsamer, aber stressfrei. Während der Saison sollte man unbedingt reservieren (www.noevog.at/de/mariazellerbahn). Wer mit Auto anreist, sollte überlegen, wie er vom End- zum Ausgangspunkt der Wanderung kommt – am besten wiederum mit der Bahn.

Das Gebiet bietet viele Möglichkeiten, bis hin zum neuen Acht-Tages-Rundweg. Neben dem Weg gibt es so viel zu sehen wie kaum wo – vor allem Wasserfälle und -zugänge. Man sollte viel Zeit für Pausen einplanen.

Die meistbegangene Runde dauert mit Kindern etwa vier Stunden: Der Einstieg in die Ötschergräben ab Wienerbruck ist besonders spektakulär, über Lassingfall und Stierwaschboden gelangt man auf dem sehr schönen Weg neben dem Fluss Erlauf zur Jausenstation Ötscherhias, dann zum Bahnhof Mitterbach und mit der Bahn zurück nach Wienerbruck. Weniger frequentiert und für Kleinkinder ebenso schön ist der Weg durch die Tormäuer entlang der Erlauf. Dabei muss man aber überlegen, wie man wieder zu seinem Auto kommt.

Bei der Planung hilft das Naturparkzentrum Ötscher-Basis Wienerbruck, ebenso bei (geführten) Touren, Buchungen und Infos zum Naturpark, allen Hütten und Quartieren oder zum Erlebnisdorf Sulzbichl: www.naturpark-oetscher.at.

Als Basis für Entdeckungen eignet sich das Schutzhaus Vorderötscher (Erwachsene derzeit ab 26 Euro pro Nacht, Kinder von drei bis zehn Jahren ab 13 Euro). Wer Bergurlaub mit Kulinarik kombinieren will, ist im Pielachtal gut aufgehoben, der Steinschalerhof verkocht alles, was in seinem riesigen Naturgarten gedeiht: www.steinschaler.at.

Griechenland:
Insel Kos

*Alle Reisen haben eine heimliche
Bestimmung, die der Reisende nicht ahnt.*

Martin Buber, österreichisch-israelischer
Philosoph und Autor, 20. Jahrhundert

Glück trotz Überfluss
Leidenschaftlicher Cluburlauber:
Die Emanzipation des Reisekindes

Auf Reisen merken Eltern mitunter, wie wenig ihr Kind zum Glück braucht. Werden zu Hause Spielsachen im Zehnminutentakt gewechselt und immer Neues aus der Schublade geholt, reichen im Urlaub ein Quadratmeter Sandstrand und ein Küberl oft für Stunden.

Das ist beim sechzehn Monate alten Valentin nicht anders. Dem Kind genügt ein flüchtiger Blick auf andere Flugzeuge, und es klebt wunschlos am Kabinenfenster. Auch die billigen Tierfiguren aus Karton, die Valentin auf dem AUA-Flug beim Einsteigen bekommt, unterhalten ihn außergewöhnlich lange. Und auch im Hotel braucht er stundenlang nichts außer einem dreißig Zentimeter tiefen Babypool oder die neue Freundschaft zu einem russischen Buben, die auf der gemeinsamen Liebe zu einem Bagger basiert. Dem Überfluss an Angeboten und Superlativen in einem All-inclusive-Club schenken folglich Sohn wie Vater wenig Beachtung.

In meinem Reisejahr finde ich, dass auch eine Woche in so einer Einrichtung dazugehört, und lande daher mit Valentin im Club TUI Magic Life Marmari Palace auf der griechischen Insel Kos. Die Anreise ist entspannt, es ist bereits Valentins dritter Flug, und er findet Fliegen abwechselnd schön spannend oder schön einschläfernd. Auch der Bustransfer vom Flughafen zum Club ist für ihn ein kleines Abenteuer, wann darf ein Kleinkind schon beim Fahren auf Papas Schoß sitzen und ihm die vorbeifahrenden Autos vorquietschen.

Erste Skepsis entwickelt Valentin, als er beim Aussteigen von einer übermotivierten Kinderdompteurin mit Luftküssen und Grinsegrimassen begrüßt wird. »Sie meint es ja lieb«, raune ich ihm zu, denke mir aber insgeheim, er soll das gleich wissen, so ist das Clubleben. Die Schrille erkennt sofort, ob du Cluburlauber aus Überzeugung oder Zyniker bist, und drückt Valentin als Rache vier Schlecker in die Hand, das Grinsen dazu bekomme diesmal ich ab. Aber für ein gesundes Leben sind wir ohnehin nicht hier, und beim Eincheckmarathon und dem folgenden Programmvortrag hat der Sohn wenigstens etwas zu tun.

»Na schauen wir, ob wir das alles machen werden«, sage ich halb zu mir und halb zu Valentin, der mit Seufzen reagiert. Diese kindliche Gelassenheit gegenüber den Worten »viel« und »gratis« haben erwachsene Cluburlauber oft nicht mehr. Die meisten sind hier, weil man sich um nichts kümmern muss. In einem Club gibt man die Verantwortung für einen gelungenen Urlaub ab, hat keinen Planungsdruck. Und doch wollen Cluburlauber das Angebot durchprobieren. Man hat ja schließlich dafür gezahlt.

Das Zimmer ist so weit von der Lobby weg, dass das Gepäck mit dem Elektroauto hingebracht wird. Wir gehen gefühlte zwanzig Minuten, bis wir beim richtigen Block, der richtigen Stiege und dem richtigen Zimmer stehen. Den Vorteil solch weitläufiger Anlagen bemerke ich gleich: Jeder Block hat einen eigenen Pool und wirkt wie ein mittelgroßes Hotel. Würden sich alle Gäste im Hauptpool treffen, wäre es wie U-Bahn-Fahren in der Londoner Stoßzeit.

Den Strand findet man in Clubs leicht. Es geht zum Meer immer bergab, und es zieht einen magisch an. Drittens folgt man einfach den verlassenen Pfaden, ich verstehe nicht, wieso so viele Menschen ans Meer fliegen, um am Pool zu liegen. Eine Woche später verstehe ich es, Stichwort Babypool und russischer Freund.

Das Meer mag Valentin nicht. Und umgekehrt. Es schlägt ihm bei der ersten Berührung ins Gesicht. Wir beziehen eine der wunderbaren Einheiten aus zwei Liegen um einen Sonnenschirm, mit Tischchen und der Fläche, die sich zwischen den Liegen ergibt. Eigentlich verwunderlich, dass man für diese Strandschrebergärten keinen Zaun mieten kann.

Man muss nicht erwähnen, dass einem Kleinkind Sandspielen gefällt. Valentin bewegt eine Stunde die Haufen von links nach rechts und zurück, dann okkupiert er eine der beiden Strandliegen. Lässt sich bereitwillig den Strohhut als Sonnenschutz aufsetzen, streckt die Beine aus, nimmt den Plastikbecher und zieht das Eistee-Imitat durch einen Strohhalm, während er auf den Horizont blickt. Mein Sohn ist das Sinnbild des Pauschalurlaubers.

Auf dem Weg zurück entdecken wir besagten Babypool, und da kann ich nichts sagen, dem Erfinder dieser

knietiefen Becken gehört ein Orden verliehen, das ist für Kleinkinder bewusstseinsverändernd. Valentin steht solide und autonom, ich sehe keinen Sinn darin, ihm trotzdem den Rücken zu stützen, und setze mich an den Poolrand. Andere Eltern rüffeln mich mit Blicken. Hey, mein Sohn ist zwei Schritte von mir entfernt, Ertrinken würde ich notfalls unterbinden, ich muss mich nicht neben ihn hocken, das Wasser bis zum Bauchnabel, und dabei stören, wie er mit dem kleinen Boris eine interkulturelle Beziehung aufbaut. Das Schöne ist: Solange Kinder nicht reden können, ist egal, dass sie die Sprache des anderen nicht sprechen. Mir wird langweilig, also mustere ich die nahe Programmtafel – ja, jetzt geht der Vater auch noch drei Schritte vom Pool weg, bitte verständigt die Fürsorge –, ab 9.30 Uhr Mini-Club, Family Sports im Activitypool, Bogenschießen, Boccia, Beachvolleyball, 20.30 Uhr Kinderdisco. Viel zu tun. Ich lasse Valentin noch ein paar Minuten mit dem russischen Baggerfahrer, aber dann müssen wir in den Mini-Club, wir sind ja nicht zum Spaß da.

Die Kinderbetreuung im Magic Life Club ist üppig: Rutsche, Schaukel, Bobbycars – alles brav schattig überdacht. Valentin greift aber nur zu einem rosa Puppenwagen und dreht damit Runden, vorbei an den Betreuerinnen, die abwechselnd Kinder mit Malutensilien, Bastelmaterial, Bilderbüchern oder tröstenden Worten versorgen, Papa und Mama kommen ja gleich wieder. Ich denke mir, nein, die sitzen am Babypool und maßregeln andere Eltern. Valentin braucht außer dem Puppenwagen nur andere

Kinder, er streichelt ein Mädchen an der Wange, es lächelt zurück. In diesem Club urlauben viele Familien, und Kinder sind für Kinder immer das Highlight. Außerdem ist das Holländisch der lächelnden Marijke die Horizonterweiterung, die sich Valentins Vater für seinen Sohn auf Reisen wünscht.

Daher lasse ich ihn anstandshalber eine Stunde alleine im Babyclub. Und habe Zeit, mir zu überlegen, warum man das Kind im Urlaub abgibt, ich will doch mit ihm Zeit verbringen. Aber dann fällt mir auf, dass ich gerade in Gedanken andere Eltern maßregle und eine väterliche Glucke bin.

Zum Thema Horizonterweiterung: Um kulinarisch Fremdes kennenzulernen, muss man einen Club verlassen – was bei manchen Buffets nicht schwerfällt. Zwar gibt es neben Pommes-Bergen und Spaghetti-Haufen auch ein kleines Eck mit lokalen Speisen, aber die griechische Flagge, die darüber hängt, ist das Authentischste daran. Zum Glück kann man hinausfahren, etwa in das sehr idyllisch gelegene Bergdorf Zia, in die Taverne oberhalb des Dorfes. Dort gibt es neben großartigem Moussaka auch Kapari, eine Kapernart, die an den Berghängen wächst. Dazu das landestypische rote Zimtgetränk mit dem unmerkbaren Namen, einen unfassbaren Ausblick auf die Nachbarinseln und einen kleinen Welpen, der genauso gerne spielt wie Valentin.

Es ist ein großer Vorteil des Cluburlaubes auf griechischen Inseln gegenüber entlegenen Anlagen in exotischeren Ländern, dass man zwischendurch auf Inselentdeckung gehen kann. Falls man den Sorglos-Urlaub kurz gegen Reiseabenteuer tauschen will, nimmt man einen Jeep ohne Dach, schnallt Valentin in den zugemieteten Kindersitz und setzt ihm eine Fliegerbrille gegen den Wind auf. Kos lässt sich an einem Tag erkunden.

Richtig schön ist die Besteigung des höchsten Berges der Insel. Am schönsten zu Sonnenaufgang. Da ich den Jeep erst am Vormittag wieder zurückgeben muss, fahre ich um halb fünf los, ab dem höchsten Parkplatz gehe ich noch eine Stunde. Und sehe, wie hinter der Türkei – die Kos gegenüberliegt – die Sonne aufgeht. Da denke ich mir schon, dass ich Valentin mitnehmen hätte können, aber ehrlich, das Kind um diese Zeit hinaufzutragen, schien mir doch zu ambitioniert, außerdem wollte ich das Sohn-Mutter-Kuschelbild nicht zerstören. Als mir auf dem Rückweg zwei Schildkröten vor die Füße krabbeln, denke ich, es hätte sich gelohnt. Aber für einen Sechzehnmonatigen ist beim Reisen ohnehin alles neu, auch bei der zweiten Strandbegehung: Meer schmeckt grauslich, Wellen heben einen in die Höhe, Eis ist kalt und Melonenessen eine Riesensauerei.

Wenn der Sohn schon keinen Sonnenaufgang erlebt, dann zumindest einen -untergang: Showabend auf der Clubbühne, ein wundervoll buntes Erlebnis einer ambitionierten Tanztruppe. Während Valentin die fliegenden Lichter und Körper bejohlt, bin ich froh, dass wir hier sitzen und nicht schon das Einschlafen zelebrieren, in unserem Zimmer, fünfzig Meter neben der Superbassturbolautsprecher-Bühne. Stattdessen gehen wir sogar noch in die anschließende Kinderdisco. Auf einen Gute-Nacht-Tanz mit Marijke.

Fazit

Reisestress
Kinderprogramm
Abenteuer & Eindrücke (mit Insel-Erkundung)
Preis

Es ist Geschmackssache, ob man einen Clubbesuch als erfüllten Urlaub empfindet. Dem Kind ist egal, was den Vater stört, alle Menschen sind neu, und ob der Sandstrand ein Geheimtipp oder bevölkert ist, auch. Jungurlauber Valentin ignorierte das Clubangebot leidenschaftlich, er brauchte weder Animation noch Kinderbuffet oder -betreuung. Aber er hat im Magic Life Club auf Kos den Urlauber in sich entdeckt, ein bisschen Sand, ein flacher Pool und viele Kinder in seinem Alter. Das reicht.

Wie vorgesehen, ist die Anreise zu so einem Urlaub einfach, vor allem im Pauschalpaket: Flug, Transfer, ab dann ist man in der Clubwelt. TUI Magic Life Marmari Palace bietet gratis Kidsbetreuung ab einem Jahr, Babyset auf Wunsch (Babybett, Krabbeldecke, Töpfchen/Toilettenaufsatz, Wickelauflage, Flaschenwärmer), Entertainment- und Sportprogramm. Weiters Babysitting, Kinderbuggy und Schwimmkurse gegen Bezahlung. Der Preis variiert stark nach Saison und Angebot, aktuell ab 1700 Euro für zwei Erwachsene mit Kleinkind (www.magiclife.com).

Man kann jede Menge Ausflüge im Club buchen, oft ist es günstiger, sie auf eigene Faust zu organisieren. Mietautos sind auf griechischen Inseln einfach zu bekommen. Auskünfte zu Land und Leuten: Griechische Zentrale für Fremdenverkehr (www.visitgreece.gr)

Kärnten:
Längsee

*Die Arbeit läuft dir nicht davon, wenn
du deinem Kind den Regenbogen zeigst.
Aber der Regenbogen wartet nicht, bis
du mit der Arbeit fertig bist.*

Chinesisches Sprichwort

Höhlenmensch und Beifahrer
Fahrendes Klo und alles dabei:
Wie man nie etwas im Zimmer vergisst

Es ist Juli, es ist heiß, und wir sind müde. Valentin und ich
waren in den vergangenen acht Monaten sieben Mal
unterwegs, die nächste Reise steht in drei Tagen an – vorausgesetzt, ich organisiere sie endlich. Meistens mag ich
dieses Gefühl: schon in Aufbruchsstimmung, aber noch
ohne Idee. An einem Donnerstag zu entscheiden, dass
man am Freitag nach Hamburg fliegt. Oder doch in die
Berge geht. Aus einer Laune heraus ins Auto zu steigen
und ans Meer zu fahren, mit dem Rad, so weit man
kommt, oder mit dem Zug nach Nirgendwo. Ich finde,
wir alle sollten uns Anfang des Jahres zwei lange Wochenenden im Kalender blockieren, an denen wir wegfahren
werden, schauen wir einmal, wohin.

Am Vormittag sage ich: »Last Minute, Valentin, wir
fahren zum Flughafen und nehmen irgendeinen Flug,
hm?« Der sechzehn Monate alte Sohn kaut mit der Ruhe
eines Kamels an einem Butterbrot. Statt einer Antwort
bekomme ich die Rinde.

»Oooder wir gehen Segeln, auf dem Neusiedler See,
und schlafen auf dem Boot.« Der Satz hallt nach, und mit

ihm entsteht das Bild: ein Kind, das seit zwei Monaten gehen kann, auf einem Boot ohne Reling. Grandiose Idee.

Das Telefon läutet und unterbricht die verkrampfte Suche nach einem Ziel. Als ich abhebe, rechne ich nicht damit, dass ich zwanzig Minuten später einen fertigen Plan haben werde. Aber der Freund hat eine Idee, was heißt Idee, er ist beseelt und hält einen brennenden Monolog: Mit kleinen Kindern könne man nur mit dem Wohnmobil wegfahren, was sonst, alles andere sei lauwarm. Er packe schon immer seine Kids in den Camper – ich wundere mich, dass ich zum ersten Mal davon höre – und fahre los, man könne fast überall stehen bleiben, an den schönsten Plätzen, erst vorigen Sommer haben sie zwei Nächte auf dem Parkplatz einer Passstraße geschlafen, totale Freiheit und immer eine Patzenhetz. Günstig sei es auch, geht schon, fahr los!

Fünf Minuten nach dem Gespräch habe ich ein Ziel, Freunde von uns sind gerade auf einem Bauernhof bei einem Kärntner See, ja klar, super, kommt vorbei, der Bauer sagt, er findet schon einen Platz. »Valentin, wir fahren zum See. Mit einem grooooßen Auto, in dem man schlafen kann. Ich muss es nur noch finden.« In der Camper-Hauptsaison.

Am frühen Nachmittag stehe ich vor dem Maschendrahtzaun, der das Gelände des Wohnwagensalons Schwechat umgibt. Dahinter stehen unzählige Camper und Anhänger in einer Ordnung, die nur Mitarbeiter erkennen. Ich gehe durch das Eingangstor und betrete eine fremde Welt, das Biotop der Wohnwagen-Cowboys, Holländer würden sich hier bekreuzigen. Ich gehe vom

Außenbereich in das Geschäft, das sich als Halle entpuppt: aufgebaute Zelte, Campingstühle mit Angebotsschildern, alles von Gaskocher bis Taschenlampe. Schritt für Schritt schreite ich andächtig ein Regal entlang, so viele Gadgets und Ausrüstungsgegenstände, deren Funktion sich mir nicht erschließt … mich beschleicht ein Gefühl der Unzulänglichkeit, zum ersten Mal frage ich mich, ob ich für eine Reise geeignet bin.

Der Sohn an meiner Hand bestaunt die volle Halle. Er greift zielsicher nach einer Packung Zelt-Bodennägel und lacht mich an.

»Guten Tag, wir haben telefoniert.« Ein Mann kommt auf mich zu, er trägt ein Hemd, auf das der Firmenschriftzug gestickt ist, und streckt mir die Hand entgegen: »Klaus Syrovatka. Ich bin der Geschäftsführer.« Ich schüttle die Hand, Valentin an meiner anderen streckt dem Geschäftsführer die Bodennägel entgegen. »Sie wollen also mit Ihrem Sohn …«, Syrovatka zieht die Augenbrauen zur Frage hoch.

»Valentin. Er heißt Valentin und ist jetzt bald eineinhalb.«

»Ein schöner Name. Campen ist für Kinder ja wunderbar. Meine Eltern sind mit uns auch immer gefahren. So habe ich fast ganz Europa kennengelernt.«

»Wir fahren nur nach Kärnten«, sage ich demütig.

Syrovatka führt uns zum »LMC Liberty A 531«. Liberty also. Als ich Valentin in das Wohnmobil hebe, stemmt er sich auf die kleine Sitzbank bei dem kleinen Tisch und grinst mich an. Er ist sich sicher.

Zuerst denke ich, dass die Fahrt wenig Unbekanntes bringen wird: Ein Trip zum See ist nicht einmal für den Siebzehnmonatigen neu, heimische Natur, Hausmannskost, kaum Sightseeing. Aber Horizonterweiterung passiert im Detail. Ich montiere Valentins Kindersitz hinter der Windschutzscheibe, eine »Liberty« hat keine Rückbank. Als ich ihn anschnalle, grinst er mich an, mit Papa erstmals in der ersten Reihe zu sitzen, ist für ein Kleinkind ein Highlight, schon zu Beginn der Reise. Die ganze Fahrt auf der Autobahn über fangen Valentins Blicke jedes »Atooo« vor der Nase ein wie bunte Fische in einem Aquarium.

Wie er bei der ersten Pause das fahrende Quartier erkundet, ist mein Highlight. Schau, mein Schlafplatz neben deinem Bett neben dem Herd neben dem Klo neben der Dusche, so coole Höhlen kann man zu Hause aus Polstern und Decken nicht bauen. Das Wohnmobil – ein Reich, klein genug für einen Valentin.

Autos nachschauen ist wie Schafe zählen, Valentin schläft bald. Ich schaue zu ihm und grinse. Es ist ein Erlebnis, auch für mich. Da sitzt mein Sohn neben mir,

wie Truckervater und Truckersohn, er ist mir auf gewisse Weise nahe wie nie. Alles ist so nahe wie nie, ich blicke in den Rückspiegel und sehe das Wohnzimmer, die Campingsessel, den gefüllten Gaskühlschrank. Mit dem Gefühl, alles dabeizuhaben, ist man auf keine Raststation angewiesen. Als es staut und auf der Autobahn nichts mehr geht, gehe ich hinten aufs Klo.

St. Georgen am Längsee liegt in dem Teil Kärntens, den man nur kennt, weil man von hier ist oder die Südstrecke über Leoben der Südautobahn vorzieht. Dabei ist die Ebene um St. Veit an der Glan eine schöne Gegend, großzügig begrenzt von den Gurktaler Alpen und der Saualpe, im nördlichen Klagenfurter Becken gelegen und unaufgeregt. Der Mentehof versprüht da schon richtig viel Adrenalin, mit seinem riesigen Gestüt, hier treffen Reitangebot und »bäuerliches Leben mit 4-Stern-Qualität« aufeinander. Uns Trucker juckt das nicht, wir ruhen in uns und in unserer Liberty, mit dem Ziehen der Handbremse ist die Ankunft erledigt. Valentin freut sich über die bekannten Gesichter unserer Freunde, er ist jetzt beschäftigt.

Ich suche den Besitzer und finde Hans Rainer im Stall. Er ist ein freundlicher Mann und bestätigt, was mir Camping-Kenner Klaus Syrovatka prophezeit hat: Wenn man vorher fragt und keinen Dreck macht, darf man in Österreich mit seinem Mobil fast überall für eine Nacht stehen bleiben. Mittlerweile haben sogar viele das Geschäft mit der Freiheit entdeckt und bieten gegen eine kleine Stellgebühr Strom, Wasser und Kanal. Auch etliche Supermärkte haben schon eigene Steckdosen für Camper auf dem Parkplatz installiert, in der Nacht stört man dort niemanden, und wo wird man sein Frühstück kaufen, wenn man auf einem Supermarktparkplatz nächtigt? Eben.

Auf dem Mentehof weist mir Hans mit einem Lächeln einen Platz am Fischteich zu – dahinter beginnt der Wald, davor der Ausblick. Ich nehme mir die Flasche Rotwein aus dem Kühlschrank – sie hat sonst nirgendwo gehalten – und gebe Valentin eine Banane in die Hand. Wir setzen uns vor unserer Höhle auf einen Baumstamm und schauen in das Land, in die Welt. Als der Sohn fertig ist, geht er die nähere Umgebung erforschen, während ich im engen Wohnzimmer die Esstischbank zur Liegestatt umzubauen versuche.

Die Nacht ist besonders. Man hört die Umgebung, im schlechtesten Fall ist das der schnarchende Nachbar auf dem Campingplatz, in unserem Fall sind es die Geräusche, die ein Wald im Dunkeln macht. Ich schlafe gemeinsam mit Valentin ein, als ich ihm bei der kleinen Lampe im Schlafbereich sein Lieblingsbuch vorlese. Auf so einer Reise ist man vertraut wie im Zelt. Nur dass man sich nicht ständig bücken muss und zusperren kann.

Das Leben auf einer Campingtour ist so stressfrei, wie man es sich macht, oder so stressig, wie man es sich einbildet: Am ersten Morgen gebe ich mich einer Vorstellung hin, die ich in irgendeinem Abenteurerbuch gelesen haben muss. Ich trete aus der Wohnmobiltür, die ich immer leicht schräg passieren muss, strecke die Arme aus und inhaliere die Freiheit. Dann drehe ich mich wieder um und mache ein bombastisches Frühstück, auf den Herd passen eine Kaffeekanne und eine Pfanne für Speck und Eier. Zu Hause hängt ja beim Speckbraten immer ein unangenehmer Geruch in der Wohnung. Nun ja: Die Menge an Geruch bleibt im Wohnmobil gleich.

Ich persönlich finde: Butterbrotschmieren und Joghurtanrühren ja, das große Mittagessen kochen nein. Auch Valentin akzeptiert, dass sein Vater sich am Herd zwar aufhalten, aber kaum umdrehen kann, und setzt sich mit dem Brot wieder in den Vorgarten. Man muss beim Wohnmobilen mit der Limitierung leben.

Dafür beginnt der Ausflug ins Strandbad sofort nach dem Frühstück. Unsere Freunde im Mentehof-Ferienhaus arbeiten sich davor noch an der mentalen Checkliste ab, die Eltern vor jedem Ausflug durchzugehen haben wie Piloten. Ich kann nichts vergessen außer dem Sohn, und der sitzt angeschnallt hinter der Windschutzscheibe.

Womit wir am Längsee wären. Gegen seine großen Brüder Wörther und Millstätter ist der naturbelassene 75-Hektar-See nahe St. Veit an der Glan nur eine Lacke. Aber was für eine. Valentin braucht ohnehin nur ein paar Quadratmeter Wasserfläche mit nahem Liegeplatz, ein ordentliches Klettergerüst und andere Kinder rundherum. Das bekommt man im Strandbad, wie auch eine Bestätigung der Bilder im Kopf: So muss ein Strandbad sein, Buffet in Sichtweite, keine Warteschlange und Eintritts- wie Sonnenschirm-Mietpreise unter der Wahrnehmungsgrenze. Dazu ein See, dessen Ufer fast durchgängig von Wäldern umrandet ist. Und Minigolf.

Während Valentin mit seiner ersten festen Freundin Emilia die vierte Runde im Ein-Euro-Auto-Automaten dreht, wobei die Runde aus ruckhaften Vor- und Rückwärtsbewegungen besteht, denke ich an meine kindlichen Sommer zurück: Im grünbraunen Wasser des Donauarms in der Klosterneuburger Au die Stunden verplätschern, dann im Strandbad mit immer neuen Freunden Pommes naschen und dabei vergessen, dass die Eltern einen aus dem Augenwinkel beobachten. Manchmal ist Reisen ein Gemütszustand.

Mitunter ist es ein Ungemütszustand. Als wir am nächsten Tag zum Ausflug auf die Burg Hochosterwitz losfahren wollen, fängt sich ein Rad in einer tiefen Lacke. Die Reifen des Wohnmobils sind mehr für Autobahnasphalt als für die Rallye Dakar geeignet und drehen durch. Ich packe alle Tricks aus der Kiste und drehe langsam auch durch. Valentin beobachtet mich, bis er den Hans kommen sieht. Der sitzt nämlich auf einem Traktor, hat meine Not erkannt und zieht uns raus. Traktor zieht Wohnmobil, das muss man erlebt haben.

Hochosterwitz auch. Als wir dort ankommen, steigt gerade das große Kinderfest. Das gut besuchte Kinderfest. In einem Wohnmobil hat man alles dabei außer

einen Parkplatz. Auch das lässt sich lösen, und als Valentin Tiere streicheln kann und eine Rüstung aus Papier bekommt und Ritter spielen darf, geht es auch dem Gemüt wieder gut. Später galoppiert er mit einem Holzstabpferd zwischen den Beinen über eine Burgwiese und ignoriert die motivierenden Worte des Mannes im Mittelalterkostüm, dass er doch eigentlich zum schwarzen Ritter auf der Holztafel reiten und ihn mit einer Lanze umstoßen muss. Guter Mann, mein Sohn ist erstens Pazifist und zweitens im Urlaub. Da ist alles erlaubt. Auch Mittagessen auf dem Burgparkplatz. Als Valentin dabei langsam die Augen zufallen, lege ich ihn auf die Sitzbank. Mittagsschlaf heute hier.

Als Valentin wieder aufwacht, sind alle anderen Autos weg. Und die Burg gehört uns. Die ganze Nacht.

Fazit

Reisestress
Kinderprogramm
Abenteuer & Eindrücke
Preis

Mit Papa und Mama auf engem Raum leben, schlafen, wo man isst, und essen, wo man parkt: Das Reisen mit Wohnmobil ist eine abenteuerliche und außergewöhnliche Idee für eine Reise mit Kind. Außerdem hat man einen organisatorischen Vorteil: Es ist immer alles dabei.

Das Ziel der Reise ist nicht so wichtig, aber man sollte auf jeden Fall von der Autobahn runter – für entlegene

Wege, für Passstraßen, für Stopps. Es geht um das Herum-fahren und das Anhalten. Apropos: Der österreichische Campingclub (www.campingclub.at) führt eine aktuelle Liste mit Stellplätzen. Wenn man freundlich fragt, darf man fast überall eine Nacht verbringen.

Die Gegend um den Kärntner Längsee ist noch immer ein Geheimtipp, rundherum gibt es viel Kinderprogramm. Auf Anfrage bietet der Mentehof (www.mentehof.at) einen Stellplatz, nahe liegt auch der Campingplatz Wieser (www.campingwieser.com). Neben der Burg Hochoster-witz und dem Stift St. Georgen (www.stift-stgeorgen.at) ist die Gurktalbahn (www.gurkthalbahn.at) ein nahes Ausflugsziel. Der Jacques Lemans Golfclub St. Veit-Längsee liegt direkt am Mentehof (www.golfstveit.at). Informationen zur Region und Quartieren unter www.laengseehochosterwitz.at

Es gibt einige Anbieter von Mietwagen. Grundsätzlich ist das Wohnmobil besser, wenn man viel herumkommen will. Für alle, die lieber ankommen und nur mehr kleine Ausflüge mit dem Auto machen, ist der Wohnwagen pas-send.

Der »Wohnwagensalon« ist jetzt in Bruck an der Leitha und hat Wohnmobile und -wägen unterschiedlicher Grö-ßen, für den ersten Trip eignet sich aufgrund Höhe und Länge das Modell LMC Liberty 531 A (max. 4 Personen): Hauptsaison (Ostern und Sommer) 140 Euro/Tag, bis Juni/ab Sept. 115 Euro, Reinigung 150 Euro, Übergabe-pauschale 80 Euro, Servicepauschale bei Kurzmiete bis 6 Tage 75 Euro. Info unter www.wohnwagensalon.at

Spanien
Frankreich
Italien
Mittelmeer:
Barcelona Korsika
Saint-Tropez
Portofino Elba

Man reist ja nicht, um anzukommen,
sondern um zu reisen.

Johann Wolfgang von Goethe, deutscher
Dichter, 18./19. Jahrhundert

Hummer und Straßenkatzen
Feiner Bub auf hoher See:
Warum der Luxus beim Abenteuer nicht stört

Mit Luxus muss man umgehen können. Mir zum Beispiel ist der Begrüßungsspalier der jungen Servicemitarbeiterinnen vor dem Schiff unangenehm. Sie stehen gerade, stecken ihre Hände artig hinter den Rücken und strahlen mit ihren akkuraten Hemden um die Wette, die dunkelblauen Röcke reichen ihnen bis zum Knie. Wenn man sie passiert, artikulieren sie ein überdeutliches »Willkommen an Bord«, obwohl man noch gar nicht an Bord ist. Valentin wackelt an ihnen vorbei, als ob er alle paar Tage bei einem Staatsempfang wäre, schaut sie kurz an, grüßt aber kaum, noble Menschen und Siebzehnmonatige grüßen Personal nur flüchtig.

Ich erreiche die Gangway – schiffsdeutsch für »Zugangstreppe« –, Valentin kann seinen Blick nicht von dem riesigen Schiff wenden und läuft in mich hinein. Der Steward springt zu mir und will den Kinderwagen packen.

»Danke, ich trag ihn schon rauf.«

Der Mann wird kreidebleich und insistiert: »Och ne, das mach ich schon für Sie.«

Der Heinz-Opa springt derweil zu Valentin und nimmt ihn an der Hand, Opas sehen ihre Enkel nicht gerne nahe am Wasser dahinwackeln. So gehe ich ohne Last, aber in Gedanken die Treppe hinauf. Ich schaue nochmal auf das stramme Spalier zurück, auf die Check-in-Schalter, die an der Landestelle aufgebaut sind. Unter kleinen Partyzelten, wie man sie von amerikanischen Promihochzeiten kennt, stehen vier Pulte, auf jedem ein PC und ein Schild davor. Das Pult mit dem Schild »Deck 9 & 10« ist doppelt so breit wie die anderen, obwohl die Passagiere dafür nur tröpferlweise kommen. Die Decks neun und zehn sind ganz oben, daher liegen dort die schönsten und teuersten Kabinen, aber auch die wenigsten, weshalb sich vor dem übergroßen Pult keine Warteschlange bildet wie bei den anderen. Jetzt tritt wieder ein Paar hin, viele Koffer und unfassbar nobel, langsame Bewegungen und ein dosiertes Lächeln, genug für freundlich, zu wenig für gespielt. Ich bringe nur ein Schmunzeln zusammen über das hübsche Sinnbild, Eincheckschalter sind wie die ganze Welt: Bei den Reichen ist es nie eng.

In der Lobby bestehe ich darauf, den Buggy ab hier selbst zu schieben, der Steward akzeptiert das nur, weil es Aufzüge gibt. Ich blicke mich auf der Suche nach Valentin um und entdecke einen Konzertflügel, ein teures Sofa, ein wenig Kunst an den Wänden – wenn du als Lobby auf dich hältst, brauchst du das, selbst wenn du nur eine Schiffslobby bist. Einige Kreuzfahrer begutachten die Kunst, andere widmen sich den Auslagen der Boutique bei der Rezeption, und ich erkenne an der Bekleidung vor und hinter der Scheibe wieder, wo wir hier sind.

»Ihr Sohn und der Opa sind schon zur Suite hochgefahren«, sagt eine weitere Weißhemdin, ich habe keine

Ahnung, wieso sie mich zuordnen kann, aber in so einem Umfeld hinterfragt man das nicht.

Als uns schließlich der Butler in unserer Grand Ocean Spa Suite die Handhabung des Dampfbades und der Whirlwanne erklärt, als er den Willkommenschampagner öffnet und mir jenen Knopf auf dem Telefon zeigt, mit dem ich ihn »Tag und Nacht« – ein eindringlicher Blick dient als Rufzeichen – rufen kann, schaue ich meinen Sohn an: Ist dir eigentlich klar, wo wir hier gelandet sind? Valentin *übersieht* die Frage mit nobler Zurückhaltung und widmet sich seinem eigenen Luxus: Über dem Bett der 42-Quadratmeter-Suite schwebt ein Willkommensluftballon in Form der *MS Europa 2*. Er krabbelt auf das Bett, der Heinz-Opa legt sich dazu.

Ich schiebe die Außentür auf und trete hinaus, alle Kabinen haben hier einen Balkon, der so groß ist wie die Kabinen normaler Kreuzfahrtschiffe. Ich weiß, Opa und Enkel brauchen jetzt eine Pause. Der Tag ist schon lang, wir sind um sieben Uhr nach Barcelona geflogen und haben seitdem die katalanische Stadt erkundet. Viele Eindrücke, die ein Kind im Spiel verarbeitet. Barcclona lässt sich mit Kleinkindern vorzüglich anschauen, es ist voller Winkel und Ecken, die der Nachwuchs schätzt. Die bunten und verspielten Häuser von Antoni Gaudí, die Ausblicke von der Seilbahn über den Hafen und der Strand: Jede Stadt sollte einen Strand haben, besonders, wenn man sie mit Kind besucht. Valentin wurde zum Entdecker, wanderte im warmen Sand auf und ab, ich beobachtete seine Ausflüge vom Schatten aus mit Gin Tonic in der Hand, wir haben bei Städtebesichtigungen einen Gleichklang.

Die größte Sehenswürdigkeit ist für Valentin aber der Opa, den wir im Gepäck haben. Die beiden bilden seit dem Abflug eine glückliche Urlaubereinheit, der ich nur als Kartenhalter diene. Ich schaue in die Kabine, und da liegen nun eine Sehenswürdigkeit, ein Riesenluftballon und einer, der den Riesenluftballon umarmt, im Bett. Und verarbeiten Eindrücke.

Ich inspiziere inzwischen die Suite. Es gibt einen Kissenduftspray auf dem Nachtkasterl, sogar ein iPad ist bereitgestellt. Ich blättere mich durch das Kreuzfahrtprogramm von Abendshows im zweistöckigen Theater bis zum Künstlergespräch in der Bordgalerie. Ich sondiere das Restaurantangebot, asiatisch über italienisch bis französisch, und die Aktivitäten im Kids Club: Aha, morgen um vier begrüßt Maskottchen Käpt'n Knopf die Kleinen, da haben wir Zeit, weil, aha, da ist der Swimmingpool eh für Kinder gesperrt.

Der Lautsprecher lädt zur Rettungsübung. Nach einer Minute klingt die Einladung bereits wie eine Pflicht. Wir eilen, zu warm angezogen und mit Schwimmwesten ausgestattet, zur Übung, die dann nur eine Information ist. Wir schwitzen, der Heinz-Opa schläft fast wieder ein, und Valentin auf seinem Schoß versteht die Aufregung nicht.

Der Luxus auf der *MS Europa 2* ist betont entspannter als auf dem Schwesternschiff *MS Europa*. Die beiden Hapag-Lloyd-Brummer werden immer wieder in die Liste der besten Kreuzfahrtschiffe der Welt gewählt. Das Credo auf der *Europa 2* ist »sportlich-elegant«. Das gefällt

Familien, und wenn gerade Schulferien sind, tummeln sich unter den maximal 500 Passagieren auch Kinder – in dieser Woche sogar 62. In eigenen Familienwochen sind die Landausflüge mit sportlichen und altersadäquaten Aktionen angereichert, es gibt Kinderessen im Buffetrestaurant »Yacht Club« und theoretisch könnte man sein Kind (gegen Gebühr) ständig einer Nanny überlassen. Dafür brauchen Familien wie alle Gäste der *MS Europa 2* einen gewissen Wohlstand, oder den dringenden Wunsch nach einer Kreuzfahrt: Pro Person und Woche sollte man für die Reise mit 4000 Euro rechnen – ohne Anreise. Es ist aber auch kein Problem, das Vierfache auszugeben. Wenn man zum Beispiel in die Owner Suite will.

Den ersten Tag verbringen wir auf See. Das bedeutet, in allen Winkeln des Schiffes. Valentin ist in einem Alter, wo er überall hinwill, aber nicht überall alleine hinkommt. Ich gehe also mit ihm an der Hand jede Treppe hinauf und jede wieder hinunter, Schiffe haben verdammt viele Treppen. Es ist viel wahrscheinlicher, dass ein Kleinkind auf solchen Schiffen die Treppe hinunter als ins Wasser fällt, zumal überall Glasscheiben bis in Höhe der Reling sind. Plötzlich stehen wir bei unserer Entdeckungsreise vor dem »Knopf Club«. Zwei- bis Dreijährige werden hier gegen Gebühr betreut und bespaßt. Valentin dreht eine Runde in den Räumen, die mit besonders teuer wirkenden Sitzpölstern, Spielsachen, Bällebad und und und ausgestattet sind. Als es ihn wieder zur Tür und damit Richtung Meeresbrise zieht, bin ich stolz auf mein Kind.

So ein Tag auf See kann sehr redundant sein, Wellen sehen einander zum Verwechseln ähnlich, obwohl angeblich nie zwei ident sind, da sind Wellen auch nicht besser als Schneeflocken. Für die einen ist diese Eintönigkeit der Grund kreuzzufahren, weil meditativ, ich bräuchte zwischendurch einmal einen Wal oder einen Delfin oder wenigstens ein paar Algenteppiche.

Jetzt aber stehen wir beide mit starrem Blick Richtung Horizont.

»Ah, da seid ihr. Schau, Valentin, was da kommt«, der Heinz-Opa hat uns gefunden, der Valentin strahlt ihn an, das dynamische Duo ist wieder vereint. Er zeigt zum Horizont und sagt »Hui«.

Eigentlich kommt da nichts, eigentlich kommen wir, Korsika bewegt sich ja nicht.

Es gibt Orte auf der Welt, bei denen man sich fragt, warum man noch nie hier war. Wenn du dich Korsika mit dem Schiff von Westen näherst, die schroffe rote Felsküste langsam Konturen annimmt und immer größer wird, fragst du dich vor allem, warum du von hier wieder wegfahren solltest. Valentin wendet den Blick kaum ab, der Heinz-Opa hat ihn auf den Arm genommen, und gemeinsam verharren sie im Moment. Ich schaue mir die beiden von der Seite an und bin verblüfft, dass ein siebzehn Monate altes Kind so lange ein Motiv betrachten kann, das sich ihm nur im Schifffahrtstempo nähert.

Der Kapitän beantwortet per Lautsprecher die Frage, warum wir nicht für immer hier bleiben können: »Meine Damen und Herren, aufgrund des hohen Seegangs können wir nicht wie geplant in Calvi anlegen. Wir werden jetzt zum Dinner vor dem UNESCO-Welterbe La Scandola kreuzen, das älteste Naturschutzgebiet Korsikas mit

Saint-Tropez ist für vieles bekannt, den kleinen Stadtstrand bemerken die meisten nicht – Valentin schon.

den berühmten roten Felsen. In der Nacht fahren wir um den Nordspitz der Insel und morgen Früh legen wir in Bastia an.« Einige der noblen Leute stoßen ein »Och, schade« aus, ich grinse. Vor dem Seegang sind wir eben alle gleich.

Gut, dass wir in der Früh mit dem Tender nach Bastia tuckern, weil wir »auf Reede liegen«, also nicht direkt im Hafen. Damit erlebt Valentin ein Highlight, er quietscht, als das orangefarbene Miniboot von einer ordentlichen Welle erfasst wird. Es ist gut, mit einem Abenteuer in die Stadt zu kommen, dort sind sie eher ausverkauft. Auch wenn ich noch nicht viel auf Korsika kenne, traue ich mich zu sagen: Nach Bastia muss man erst zum Schluss. Die Hafenstadt ist schön, aber wenig aufregend.

Valentin sieht das anders. Ich finde den Place Saint-Nicolas uninspiriert leer, er läuft auf den riesigen Flächen vergnügt hin und her. Ich finde die kleine Barockkirche Chapelle Saint-Roch überfrachtet, er starrt Heiligenbilder an. Ich finde die Zitadelle auf dem Hügel ausgesprochen langweilig für ein »absolutes Highlight«, wie sie der Reiseführer nennt. Valentin findet seine Freude in den Komparsen des mittelalterlichen Filmes, der hier offensichtlich gerade gedreht wird. Mit offenem Mund steht er da und beobachtet einen Mann mit Fell und Keule bei der Mittagspause. Ich hätte diese Fähigkeit auch noch gerne, das bedingungslose Anstarren von Anstarrenswertem. Ob es nun im Reiseführer steht oder nicht.

Richtig neidisch werde ich, als Valentin einschläft, während ihn der Heinz-Opa vom Zitadellenhügel hinunterschiebt. Im Hafen setzen wir uns in ein Lokal, das nach lokalen Speisen aussieht. Wir essen, trinken und lachen mit dem Kellner. Als der Sohn erwacht, bringt er ihm Pistazieneis. Der Hafen von Bastia ist ein guter Platz, eingefasst von Häusern und doch mit Meerblick. Der Kellner mag den Sohn und sagt, wir müssen morgen unbedingt auf den Bauernhof kommen, wo all die guten Würste und Fleischstücke herkommen. Ich danke ihm auf Französisch und sicherheitshalber Italienisch. Zahle, seufze, und wir machen uns auf den Weg zu unserem Schiff – das uns weiterbringt.

Auch auf dem Schiff hat Monsieur Valentin alle Aufmerksamkeit für sich. Er stampft in seinen Hosenträgern über das Deck, und die Gesellschaft nimmt ihn sofort in ihre

Reihen auf. Ich heiße nur mehr »der Vater« und diene als Auskunftsbüro. Die Worte »siebzehn Monate« und »Valentin« und »Wien« pflastern unseren Weg zum Abendessen.

Essen auf dem Luxusschiff ist dann doch besonders. Die sechs Restaurants auf der *Europa 2* versuchen sich alle auf Haubenniveau, großteils gelingt es. Ich will Valentin in der Woche alles zeigen, von Sushi bis zu französischer Küche. Zu einer solchen Reise gehören lange, gemütliche, gediegene Essen. Eine Kellnerin tritt zu uns und gibt jedem ein warmes, feuchtes Handtüchlein. Sie ist eine der fünf Weißhemdinnen vom Einchecken, aber jetzt in einer Uniform, die zum Asiarestaurant »Elements« passt. Sie hofft, wir hatten einen angenehmen Tag in Bastia.

»Danke, ja, wunderbar«, antworte ich ihr. »Ich habe eine große Bitte: Mein Sohn hat zwar eine überdurchschnittliche, aber dennoch limitierte Geduld. Vielleicht können wir das Menü ohne große schöpferische Pausen abwickeln, möglichst in einer Stunde.«

Sie lächelt. »Natürlich. Darf ich dem jungen Mann ein Kindermenü bringen?«

Ich lächle zurück. »Danke nein, er isst bei mir mit.«

»Selbstverständlich, gerne.« Die Kellnerin geht kurz weg, kommt wieder und bringt Valentin eine weiße Mappe mit Buntstiften und Bildchen. Später wird sie ihm zur Ablenkung auch noch die chinesische Deko-Katze mit dem wackelnden Arm vor die Nase stellen.

Ganz nebenbei schafft sie den wirklichen Luxus: Ohne ein Gefühl des Hetzens sind wir in einer Stunde und drei

Minuten mit fünf Gängen fertig, Valentin ist noch gar nicht mit allen Käpt'n-Knopf-Kinderpickerl-Ausmalvorlagen durch.

Während ich das Kind in eine der gratis bereitgestellten Windeln hülle und mit gratis bereitgestelltem Babyöl einschmiere, um es dann ins gratis bereitgestellte Gitterbett zu packen, korrigiere ich meine Gedanken: Auch solche Reisen können den Horizont erweitern. Und da ahne ich noch gar nicht, dass Valentin morgen Abend das Dinner an Deck zu sich nehmen wird, mitten im Golf von Saint-Tropez wird er seinen ersten Hummer essen – und mich wieder überraschen, wenn er reinbeißt wie in ein Fischstäbchen, ohne verkorkste Scheu. Oder dass ihm der Heinz-Opa mit Stäbchen Sojabohnen und rohen Fisch in den Mund stecken wird – wobei die beiden endgültig

Wer Korsika von Westen aus anfährt, will bleiben. (links)
Auslauf an Deck mit Brise im Haar (rechts)

zum glücklichsten Spaßduo aller reisenden Menschen auf der ganzen Welt mutieren. Essen unter Silberglocken und auf Eisschnitzereien, all das erahne ich noch nicht, als Valentin einschlummert.

Kurzer Einschub: Man wählt auf der *MS Europa 2* vorab aus, welche Babynahrung von welchem Hersteller man in der Kabine haben will. Nun hat man bei uns einen Fehler gemacht, statt dem Milchpulver »1« unserer Marke lieferte man das Milchpulver »Pre«. Das ist nicht so egal, wie es klingt, »1« ist im Geschmack Milchshake, »Pre« ist Holzrinde. Valentin isst eigentlich schon Milchshake und hat das Flascherl beim ersten Schluck ausgespuckt. Am zweiten Abend wieder. Seitdem schläft er einfach ohne Gute-Nacht-Drink. Reisen wirkt also – bei der unfreiwilligen Flascherlentwöhnung.

Der Ausflug nach Saint-Tropez beginnt wieder mit einer schmissigen Tenderfahrt. Ich habe das Gefühl, Valentin freut sich auch, vom Schiff zu kommen. Die

Landgänge sind für ein Kind die Abenteuer – während auf hoher See der Horizont gefühlt endlos, aber langweilig ist, findet der Zwerg an Land ständig Neues. Hier etwa große Autos und größte Jachten. Oder das Haus der legendären Filmgendarmen um Louis de Funès, das man gar nicht erkennt, das aber alle fotografieren. Eine schöne Szene: Valentin ist gelangweilt, ein Mann bittet mich aufgeregt, den Kinderwagen aus dem Bild zu schieben, wer ist jetzt der eigenartige Reisende?

Der Sohn findet in der Stadt, die früher vom Côte-d'Azur-Chic getragen wurde und ihn jetzt vor sich herträgt, aber auch seine Oase: ein kleiner Stadtstrand, nur etwas Sand, ein paar Felsen und das Meer. Danach ein Eis. Während die meisten anderen Kreuzfahrer jede Boutique und Hautevolee-Reminiszenz abgrasen.

Natürlich ist es auf einer Kreuzfahrt verlockend, die angesteuerten Orte genau zu erkunden. Mit Kind braucht es aber einfach die Gelassenheit, etwas auszulassen und am Strand zu liegen. Das gilt für das liebliche Portoferraio auf Elba, wo man Napoleons Haus besichtigen muss. Und für das noch lieblichere Portofino – fahren Sie dort einmal vorbei, wenn es sich ausgeht! – mit dem aufgemalten bunten Fassadenstuck und der vielleicht schönsten Bucht der Welt. Überall gibt es auch Momente in einer Luxusreisewoche, wo alles normal ist: Straßenkatzen nachlaufen, Spielplätze erforschen und immer wieder einschlafen auf Opas Schoß.

Apropos Opa: Eine Kreuzfahrt alleine mit Kind ist wegen der Eigenheiten eines Schiffes anstrengend, erwähnte Treppen, rutschige Außenflächen – die notwendige Dauerbetreuung im gehobenen Ambiente teilt man besser auf.

Nur die Schwimmstunden lässt sich Valentins Vater nicht nehmen. Der Pool auf der *Europa 2* ist nicht riesig, aber groß genug. Und überdachbar, also auch bei Regen zu nutzen. Valentin grinst und stürzt sich mit Schwimmflügerln versehen ins Wasser. Wieder raus, wieder reinstürzen. Ich akzeptiere betrübt, dass das Kind nun auch schon alleine schwimmen kann und will. Valentin bemerkt die Blicke der anderen Kreuzfahrer auf sich, bewundernde Blicke von solchen, die ihre Zweijährigen noch nicht alleine schwimmen lassen.

»Der is ja doll. Wie alt iserdenn?«, fragt mich die Mutter der deutschen Industrieadel-Familie, die mir schon aufgefallen ist. Ihre Ringe kosten locker drei Owner Suiten.

»Siebzehn Monate. Aber er liebt das Wasser.«

Ihr Mann trägt die goldene Uhr auch beim Baden. Er sagt: »Kann aber schon doll schwimmen.«

»Ja, schon.« Ich verberge meinen Stolz hinter Verlegenheit. Außerdem müssen wir los. Valentin und ich haben einen Termin auf der Brücke.

Das 225 Meter lange und 26 Meter breite schwimmenden Tophotel schunkelt nicht, weil die modernen Stabilisatoren ihre Arbeit machen, erklärt der Kapitän. Ich wäre mit diesem Wissen schon zufrieden und fertig, Valentin denkt aber nicht daran, die Brücke zu verlassen. Er ist angetan vom Herrn in weißer Uniform und vom Lenkrad des vor Anker liegenden Schiffes, das nicht größer ist als ein Autolenkrad.

»Das Steuer kannst du angreifen, nur bitte keine Knöpfe drücken«, sagt der Kapitän. Er dreht sich kurz um, Valentin findet die Knöpfe zu bunt und zu interessant für ein Verbot.

Und ich wundere mich, was aus den großen, glatt lackierten Steuerrädern mit den vielen Schnörkseln geworden ist.

Fazit

Reisestress ●●●●◐
Kinderprogramm ●●●◐◐
Abenteuer & Eindrücke ●●●◐◐
Preis ●●●●●

Es ist kompliziert: Eine Kreuzfahrt mit Kleinkind bringt schon Erfahrungen, steife Brise, tolle Blicke, neue Orte, ungewohntes Umfeld. Andererseits halte ich das Konzept an sich für wenig geeignet für jungen Nachwuchs, man hat immer nur sehr limitiert Zeit für Orte, ist relativ unflexibel und kann das Kind selten laufen lassen.

Das Programm auf den Ausflügen und das meiste Kinderprogramm an Bord sind für ältere Kinder gedacht, wobei die *MS Europa 2* viel für Kinder bietet, von Workshops bis zu Theaterspielen.

Kreuzfahrtschiffe fahren nicht immer die gleiche Strecke, sondern ständig in den Meeren herum. Man sucht sich also eine hübsche Etappe aus, fliegt hin und schifft sich ein. Die meisten großen Schiffe kommen früher oder später auch im Mittelmeer vorbei und fahren dann unterschiedliche Routen, etwa in der Ägäis oder an der Nordküste entlang, oder eben zwischen Barcelona und Rom.

Valentins Route auf der *MS Europa 2* führte von Barcelona nach Korsika (Bastia), Saint-Tropez und weiter nach Italien: das wunderschöne Portofino, Viareggio (mit der Möglichkeit, Florenz oder Pisa zu besuchen) und Elba. Die Routen ändern sich von Jahr zu Jahr.

Die *MS Europa 2* gehört zur Flotte von Hapag-Lloyd und weist pro Jahr einige Wochen als Familienreisen aus. Es gibt meistens Rabatte oder spezielle Angebote, außerdem ist der Kinderanteil in diesen Wochen höher. Der Veranstalter nimmt Kinder in Europa ab sechs Monaten mit, außerhalb Europas erst ab zwei Jahren. Es wird ein kostenloses Baby-Welcomepaket zur Verfügung gestellt (Windeln, Babynahrung, Milchpulver nach Wahl, Pflegeprodukte, Essenslätzchen …). Gitterbett und Babyfon werden ebenfalls kostenlos bereitgestellt. Der Knopf-Club (zwei bis drei Jahre) und Nannyservice kosten extra.

Der Preis ist im Vergleich zu anderen Urlauben sehr hoch, aber nicht unmöglich. Für eine Woche in Europa muss man mit mindestens 3700 Euro pro Person rechnen – ohne An- und Abreise. Um das Essen muss man sich dafür keine Gedanken mehr machen, es gibt reichlich davon, Getränke sind extra.

Infos: www.hl-kreuzfahrten.de

Jordanien:
Amman Jerash
Umm Qais
Totes Meer Petra
Königsstraße
Wadi Rum
Aqaba

Kinder sind die Flügel des Menschen.
Arabisches Sprichwort

Pures Leben und Totes Meer
Exotischer Trip von Wüste bis Wasser:
Warum der Beduine Valentin nach Hause einlädt

Ein Blick genügt, und der Kellner hat Valentins Herz erobert. Er grinst den neunzehn Monate alten Buben an, die beiden tauschen Grimassen aus, der Rest der Welt hat Pause. Ich lege langsam den Löffel weg, mit dem ich Valentin gerade Hummus in den Mund geschoben habe, seine Mama und ich sind plötzlich Zuschauer eines Stücks für zwei Darsteller, unser Tisch mitten im gefliesten Speisesaal des Hotels ist nur mehr Kulisse. Unser Sohn ist Fremden gegenüber nie besonders skeptisch, aber diese plötzliche Nähe ist außergewöhnlich. Immerhin hat Valentin einen langen Reisetag inklusive Vierstundenflug hinter sich, immerhin ist er zum ersten Mal in einem so fremden Land, immerhin ist es eine Stunde nach seiner Schlafenszeit, oder zwei, nach lokaler Zeit. Der Kellner hebt ihn aus dem Hochstuhl, und ohne die Eltern auch nur mit kurzem Augenkontakt zu fragen, nimmt er ihn an der Hand und mit auf eine kleine Reise. Als die Tür zur Küche langsam nachschwingt, schauen Katrin und ich einander an: Unser Sohn ist gerade mit einem völlig Fremden verschwunden. Wir lachen kurz und essen weiter. Die werden schon wissen, was sie tun.

Solche Szenen wundern einen nur, wenn man zum ersten Mal in einem arabischen Land ist. Ich habe diesen offenen Umgang schon öfter erlebt und mag ihn sehr. Es ist nicht nur die besondere Freundlichkeit gegenüber Kindern, sondern auch die positive Lebenseinstellung und die Freude, einen Gast zu bewirten. Es ist ein Jammer, wie bei uns der arabische Kulturkreis wahrgenommen wird, man sieht nur noch die Abgrenzung, die Radikalisierung, die Vollverschleierung. Wer schon einmal dort war, kennt das Feiern, die Musik, das Essen, das Lachen, die Hilfsbereitschaft. Bedauerlich, dass Reisen in einige arabische Länder aus politischen Gründen nicht infrage kommen, denn ich halte sie mitunter für die besten Reiseländer: Man ist von Europa schnell dort und gleich in einem exotischen Umfeld. Wüste, Märkte, Sprache, Schrift, Essen – man bewegt sich auf ständiger Entdeckung und ist doch sicher unterwegs, Gewalt gegen Touristen ist in den meisten Ländern unter strenger Strafe verboten, auch die Religion gebietet Gastfreundschaft.

Kinder gelten besonders viel. Sie sind hier noch die Säule für ein glückliches Leben, sie sind ein Ziel, dem vieles dient. Ganz ehrlich: In welchem westlichen Land würde ein Kellner mit einem Kind auf Erkundungstour gehen? Und würden wir Eltern es zulassen? Ob man es gerne hört oder nicht: Wir haben diese Herzlichkeit ein bisschen verloren.

Es dauert zehn Minuten, bis die beiden wieder auftauchen, sie betreten den Saal jetzt von der anderen Seite, weiß Allah, wo sie unterwegs waren. Valentin lacht, und der Mann an seiner Hand ist eindeutig sein neuer Freund,

Links hinten der See Genezareth, rechts hinten die Golanhöhen.
Vorne: kinderliebe Jordanier

von dem wir Eltern weniger wissen als er. Seine eigene Reisebekanntschaft.

Schon bei der Ankunft hätte ich mir denken können, dass es so kommen wird. Der Mann, der in der Ankunftshalle des Flughafens Amman das Schild »Halbhuber« hält, strahlt Valentin zur Begrüßung sofort an. Er heißt Ali, trägt Anzug, ist Mitte 50 und für zehn Tage unser Fahrer, Guide und Dolmetscher. In seinem runden, dunklen Gesicht sitzt eine breite Nase, die Zahnlücke fällt sofort auf. Mund und Augen lächeln, und dieses Lächeln für den Jungreisenden soll noch zur innigen Freundschaft werden, der Guide selbst zum Reiseopa. Er wird Valentin am Arm halten und unterhalten, ihn herzen und küssen, ihn beschenken und an der Hand nehmen.

Auf all unseren Reisen lernte Valentin keine echtere und tiefere Gastfreundschaft kennen als hier.

Die Rufe der Muezzins wecken erst mich und dann das Interesse des Sohnes. Er trippelt zum Fenster und verlangt nach Aussicht. Ich hebe ihn hoch, stoße die Fensterläden auf und sehe die verbauten Hügel der jordanischen Hauptstadt. Unter uns schlummert ein Markt, auf den Straßen fahren erst wenige Autos. Der Tag beginnt, die Sonne wagt sich gerade über die Hügel.

Valentin sucht die Menschen zu den schrillen Stimmen des Morgengebets. Ich zeige auf ein Minarett gegenüber unserem Hotels. »Da kommt die Stimme her. Der Mann betet.« Er lacht.

Ein orientalisches Frühstück später ist die Stimmung etwas kühl. Ich finde, der Sohn soll alles kosten, Katrin findet, man kann alles auch langsam angehen, und Valentin findet Butterbrot alternativlos. Ich schnalle ihn im Kindersitz unseres Autos fest, und Alis Worte wärmen den Moment wieder auf: »Hallo, Valentin. Jetzt fahren wir zu alten Steinen.«

Durch das Gebiet des heutigen Jordaniens zogen schon viele Menschen. Der biblische Mose, die Nabatäer, die Römer waren hier, die Osmanen, die Mameluken und viele andere. Sie alle hinterließen dem Land historisch, kulturell und religiös bedeutende Orte. Auch wenn man nicht zu jenen Menschen gehört, die alte Steine stundenlang auswendig lernen, sind einige der Ausgrabungen beeindruckend.

Nach Jerash braucht man von Amman nur eine Stunde

Richtung Norden, dort aber mindestens drei. »Kinderwagen geht nicht«, sagt Ali zum Abschied beim Eingang, und ich sehe mich den Sohn schon tragen. Aber Valentin gefallen die Steine, die man hier begreifen und besteigen darf. Er spielt mit mir in der gut erhaltenen antiken Säulenstraße Fangen und steigt im römischen Theater in die letzte Steinreihe. Er entdeckt alte Reliefmuster und raunzt, wenn ich mich bei der Beschreibung im Reiseführer verliere. Studienreisende wird das stören, durchschnittlich steinbegeisterte Eltern wie ich bringen Kind und Besichtigung schon in Einklang.

Nur die Stimmung im Tempelrest bei Umm Qais verdirbt mir der Sohn ein wenig. Die Anlage liegt noch einmal eineinhalb Stunden nördlich, auf der Anhöhe über dem Dreiländereck Israel–Syrien–Jordanien. Der Weg dorthin ist gesäumt von Spuren des Syrienkrieges, Flücht-

Jerash gefällt auch mäßig archäologiebegeisterten Eltern.
Valentin spielt zwischen den Säulen Fangen.

lingszelte mit UNHCR-Logo darauf, gesperrte Zufahrten zu Grenzübergängen und schwarze Rauchsäulen am Horizont.

Umm Qais ist ein magischer Ort, der Blick verliert sich auf dem See Genezareth, den Dächern von Nazareth und den Golanhöhen. Die Grenzflüsse Jarmuk und Jordan liegen in tiefen Gräben, und diese Gräben haben Symbolkraft. Valentin raunzt wieder.

»Komm, du hast jetzt im Auto fast zwei Stunden geschlafen. Schau mal, da ist Is-ra-el.« Kein Interesse im Sohnesgesicht. »Da drüben ist Syrien. Da ist es gerade sehr traurig.« Äh äh wäh. Ich weiß, wie sinnlos dieses Gespräch ist, aber der Ort ergreift mich. Freiheit erkennt man an ihren Grenzen, dort wird sie sichtbar, dort schätzt und vermisst man sie. Valentin zieht an meiner Hand, ich will noch nicht gehen.

Zwei Ausgrabungsarbeiter, schmutzig von Staub und Schweiß, kommen auf uns zu. Valentin hört auf zu ziehen und lacht sie an. Einer schnappt ihn und setzt ihn sich auf die Schultern.

»Make photo!«, sagt der andere, und sie postieren sich vor der Kulisse. Ich strahle, Valentin auch, ein Bild von ihm und den Männern vor den Golanhöhen und dem See.

»Thank you. He likes you«, ich lache die beiden an.

»Yes, good photo!« Der Mann hebt Valentin wieder hinunter und verabschiedet ihn mit einem Wangenkuss.

Die Hauptstadt Amman hat etwa so viele Einwohner wie Wien, ist aber viermal so groß und für Touristen in zwei

Tagen abgehandelt – Zitadelle, Römisches Theater, winzige Altstadt, große Moschee, auf Wiedersehen. Bitte nicht falsch verstehen, das sind sehr schöne Sehenswürdigkeiten, und Reisende finden in Amman die Winkel, die jede arabische Stadt so besonders machen. Das Klima ist sogar angenehmer als sonst im Orient, man ist hier auf knapp 800 Meter Seehöhe, Einheimische verfluchen den heißen Dunst im Jordantal, und in der Nacht ist es richtig kalt.

Aber um die jordanischen Attraktionen zu sehen, muss man sich auf Rundreise durch das Land begeben. Die meisten machen das per Gruppe im Bus, Valentin genießt die Fahrt durch das Land in der Limousine. Seine Hauptattraktion heißt Ali. Im Viertelstundentakt brummt der Ersatzopa »Valentin! Eins zwei …«

Der falsche Enkel krakeelt aus dem Kindersitz: »Drei!«

»Da, Auto!«

»Atoooo.«

Ein dünnes, aber euphorisches Gespräch, während draußen die Dörfer entlang des grünen Jordantals vorbeiziehen, später die Dörfer der früheren Königsstraße, Jordaniens abwechslungsreicher Nord-Süd-Route, während die Autobahn durch flaches, ödes Land führt. Zwischen den teils uralten Siedlungen auf diesem »King's Highway« sieht man Steinwüsten, tiefe Taleinschnitte, die man *Wadi* nennt, Kamele, Beduinen mit Schafen, Lastwagen mit buntem Gemüse, Kreuzfahrerburgen, Frauen in Vollverschleierung, Frauen ohne Kopftuch, Männer in bodenlangen Gewändern oder Jeans. In Jordanien treffen westliches Leben und Islam weitgehend in Harmonie aufeinander.

Die Königsstraße ist ein ziemlich ausgetretener Touristenpfad, von dem man aber abbiegen kann. Die Wanderungen im Dana Nature Reserve nutzen zum Beispiel verhältnismäßig viele – die keinen Valentin im Gepäck haben. Etliche antike Festungen und Anlagen entdeckt man aber nur mit einem Ali an seiner Seite. Als wir uns von der Hauptstraße entfernen, erzählt er die Geschichte von guten Freunden, die in einem nahen Dorf leben. Neben diesem Dorf lag einst eine wichtige Befestigung der Römer. Das Hobby der Freunde ist, neben dem Ziegenhüten rund ums Dorf im Staub zu wühlen. Dabei finden sie sehr alte Sachen. Es soll sich herausstellen, dass manche dieser antiken Münzen und Souvenirs einen chinesischen Produktionsstempel tragen, aber wo Touristen sind, sind eben auch Tourismus-Glücksritter, und Alis Freunde gehören zum angenehmen Schlag. Als wir vor einer Höhle halten, stehen sie schon da und grüßen freudig. Ali herzt sie, sie herzen mich und geben Katrin die Hand. Einer der drei schnappt Valentin, und wir betreten das Loch im Fels, die Höhle entpuppt sich als ein in Stein gehauener Souvenirladen mit Wohnungscharakter und Farbfernseher. Zwei der Männer tragen traditionelle Gewänder, einer ist westlich gekleidet, alle drei bespaßen erst einmal zehn Minuten lang meinen Sohn: Der Erste zeigt ihm eine gewaltige Stabheuschrecke, die hier wohnt. Der Zweite setzt ihm sein Beduinentuch auf. Der Dritte setzt ihn sich auf den Schoß und fordert uns auf, ein Foto zu machen. Valentin ist skeptisch, aber er scheint zu wissen, dass solche Bilder rarer sind als Totes-Meer-Schnappschüsse. Er schielt zu Ali, der neben den drei Männern etwas abseits sitzt, um nicht zu stören, Ali ist ein sehr feiner Mann, und dankt ihm lächelnd.

Nach der Aufnahme kommen wir unmittelbar zum Geschäft, der Westliche zieht eine Schatulle mit Münzen hervor, »real antique, my friend«. Ali ist die Situation entweder doch unangenehm, oder er will die folgende Feilschkomödie nicht erleben. Er geht mit Valentin vor die Höhle. Dort finden wir die beiden später lachend und johlend, Valentin reitet gemeinsam mit einem einheimischen Buben auf einem Esel, Ali im Anzug läuft daneben her und hält unseren Sohn. Die Liebe zum Urlaubsopa ist auf ihrem Höhepunkt angelangt. Der Esel ist nicht »made in China«. Die zwei total antiken Münzen in meiner Tasche eher schon.

Entlang der alten Königsstraße macht man einige Höhenmeter, sie streift 1800-Meter-Berge und den tiefsten Punkt der Welt. Denn die großen Stopps sind beim Jordanien-Trip klar vorgegeben: Erstens das Tote Meer. Ali bringt uns also zu einem der Spas, die an dessen Küste aufgefädelt sind. Diese Strandclubs ohne echten Strand nützen Jordanier für Tagesausflüge an die große Salzlacke. »Hier bleiben zwei Stunden. Achtung mit dem Wasser, nicht in Augen. Gibt aber auch viele Pools.« Ali bleibt beim Auto, er hatte das Vergnügen schon oft genug.

Ich ziehe Valentin in einer der sehr schönen Kabinen um und studiere die Hinweisschilder entlang den gefühlt tausend Stufen bis zum Wasser. Das Tote Meer sinkt ständig ab, weil aus dem Jordan kaum noch Wasser einfließt, die Israelis entnehmen zu viel davon für die Landwirt-

schaft, beklagen die Jordanier. Damit steigt auch ständig der Salzgehalt, als ob der nicht ohnehin hoch genug wäre.

»Valentin, stopp!«, sage ich eindringlich, als wir an der Kiesküste ankommen. Ein paar leere Liegen laden zum Verweilen, beweisen aber auch, dass sich niemand lange hier unten aufhält, sondern wieder zu den Pools geht. Ich lese dem Sohn laut vom Hinweisschild vor, was ihn nicht interessiert, aber vom anziehenden Meer ablenkt: »Nicht in die Augen und nach dem Bad sofort duschen.«

Zehn Minuten später werde ich wissen, dass man beides nicht zweimal gesagt bekommen muss.

Ich lege das Badetuch ab und stecke Valentin die Schwimmflügerln an. Der Bademeister grinst herüber – noch weiß ich nicht, wie lächerlich die Aktion ist. Wir gehen auf den Steg aus Plastiktonnen, ich steige langsam ins Wasser. Und stehe im Öl.

Ich treibe auf dem Rücken, Valentin sitzt auf meinem Bauch. Ich schaue angewidert, er hat Fragezeichen im Gesicht: Vater, du hast mir beigebracht, dass man im Wasser Spaß hat. Ja, Sohn, das ist hier anders. Ein »Bad« im Toten Meer ist mit Kleinkind kurz: Der See, der 420 Meter unter Meeresniveau liegt und kein Meer ist, ist salzig und ölig, man kann sagen: latent ranzig. Es ist ein angeblich gesunder, aber ekelhafter Spaß, sich in der Lake treiben zu lassen, gleich einer Boje oder einem toten Fisch. Valentin verbindet Wasser mit »Plitsch Platsch«, was in einem Gewässer, in dem jeder Tropfen im Auge zu Netzhautrisiken führt, zum Akrobatenakt für den Vater wird.

Als ich unter der Dusche versuche, den viel zu lebendigen Fisch Valentin von seinem Ölmantel zu befreien, ohne seine Augen zu verätzen, und mir das nicht gelingt, weshalb der Knabe plärrt, beschließe ich im Stillen folgenden Satz für dieses Buch: Lassen Sie Ihr Kleinkind beim Ali-Opa, während Sie die zwei lustigen Schau-wie-man-im-Toten-Meer-lustig-treibt-Fotos machen.

Zum Baden fährt man in Jordanien besser an die Strände Aqabas am RRRRRoten Meer. Die Stadt gleicht zwar einer Touristenhochburg, wobei die Besucher vor allem aus Jordanien und dem benachbarten Saudi-Arabien kommen, aber das Wasser ist hier wirklich schön, der Sand wie aus dem Prospekt, und man sieht am Strand stehend gleichzeitig Ägypten, Israel und Saudi-Arabien. Wieder das Gefühl, Teil der Weltgeschichte zu sein.

Dieses Gefühl ist in Jordanien ein Pluspunkt für sich.

Während ich mit diesem Ausblick im Sand sitze und Valentin zusehe, wie er mit einem arabischen Kind und dessen asiatischem Kindermädchen Gräben aushebt und wieder zuschüttet, denke ich an Gespräche vor der Reise. Man erntet derzeit viele Fragezeichen, wenn man plant, mit seinem Kleinkind in den Nahen Osten zu fahren. Leider. Denn Jordanien ist befriedet, mit den islamischen Nachbarn in gutem Einvernehmen, mit dem einstigen Kriegsgegner Israel in solidem Frieden. Den strapaziert zwar immer wieder, wenn Politiker besagte Wasserentnahmen aus dem Jordan kritisieren, die jordanische Bauern hart treffen. Oder man sich wieder einmal zu laut daran erinnert, dass Palästinenser und Jordanier ethnische Brüder sind, von wegen Besetzung des Westjordanlandes. Aber insgesamt haben die Jordanier gelernt, dass Frieden mit Abstrichen der bessere Zustand ist. Daneben gelingt es König Abdullah II. wie schon seinem Vater, dem noch heute hochverehrten König Hussein, auch innenpolitisch die Ruhe zu bewahren. Auf der Fahrt durch das Land erkennt man, wie: Tausende Fotos zeigen die vielen Gesichter des Königs, der mit allen Bevölkerungsgruppen auskommen will – in Beduinentracht, in Uniform, in arabisch-traditionellem Gewand, im Anzug als Businessman, mit Familie, mit Bauern.

Die Kriege rundherum sind nicht weit weg, aber weit genug. In Jordanien erlebt man sie vor allem anhand der Flüchtlinge, über eineinhalb Millionen beherbergt das Land mit rund sechs Millionen Einwohnern derzeit. Aber das hat Tradition, Jordanien war schon immer Melting Pot der Flüchtlinge. Palästinenser flüchteten aus den besetzten Gebieten in Israel, Menschen aus dem Irak vor Diktatur und Golfkrieg, Vertriebene aus den Golfstaaten und zuletzt aus Syrien.

Und jetzt nimmt ein weißer Europäer dem Araber das Sandschauferl weg, und die Asiatin geht dazwischen.

»Valentin! Komm jetzt!« Zeit für das Abendessen, wir müssen heute früh ins Bett. Morgen geht es zur zweiten Hauptattraktion, mein Sohn.

Jeder kennt Petra – zumindest als Gralstempelkulisse aus *Indiana Jones und der letzte Kreuzzug*. Wie so oft, wenn Orte durch Hollywood berühmt geworden sind, wird auch dieses »Schatzhaus des Pharao« von vielen Besuchern missverstanden. Es hat nie einen Gral gesehen, schon gar keinen heiligen, und war nach aktuellem Wissensstand nicht einmal ein Schatzhaus, sondern ein Grab.

Vor allem ist es nicht das Zentrum der alten Nabatäer-Hauptstadt. Es ist nur deren Anfang.

Das Touristenmärchenland Petra hat vor diesem Anfang einen wunderbaren Prolog. Vom Eingang der gesamten Anlage bis zum Schatzhaus geht man zwei Kilometer, drei Viertel davon durch den Siq. Diese teils nur zwei Meter breite, aber siebzig Meter tiefe Schlucht wird fast ebenso oft fotografiert wie das vermeintliche Schatzhaus, am beliebtesten ist das Motiv Siqschluss/Schatzhaus: Wie durch den Spalt eines großen Theatervorhanges sieht man da auf die berühmte Fassade. Der Siq war für die Nabatäer der wichtigste Schutz ihrer Hauptstadt, durch ein Nadelöhr lässt sich nichts erobern.

Der Schlucht wohnt ein besonderer Zauber inne, der sich aus den geologischen Formen und Mustern der Felswände nährt, aus der dumpfen Akustik und aus dem Wissen um die Geschichte. Hierher passt kein Kinderwagen, obwohl man damit im Siq noch weiterkommt, ab dem Schatzhaus ist die Staubstraße zu uneben.

Ich drehe den Kopf leicht, um Valentin in der Rückentrage aus dem Augenwinkel zu sehen. »Schau, hier sind früher die Beduinen nach ganz langen Reisen nach Hause gekommen. Da haben sie gewusst, jetzt ist es nicht mehr weit, und ihre Kamele haben es sicher auch gewusst.«

»Da, Mele!«, ruft Valentin.

Ich denke mir, nein, Sohn, Ka-mele, bin aber verblüfft über sein Interesse an der Geschichtsstunde. Da höre ich ein Klappern, schaue nach vorne und bemerke, dass seine Begeisterung den aktuellen Kamelen gehört, angetrieben von Kindern, mit denen die Touristen um den Preis der

Besichtigung via Kamel feilschen. Derzeit ist das Angebot in Petra wesentlich größer als die Nachfrage, das arabische Land ohne Krieg – aber mit unguten Nachbarn – leidet unter einem Tourismusrückgang von bis zu achtzig Prozent. Wer trotzdem da ist, hat die geheimnisvollen Nischen der Anlage oft für sich. Und die Glücksritter von Petra: die Kamelmänner, die Buben, deren Esel ebenfalls fußmarode Touristen schleppen, und die Postkartenmädchen – gerade handelt ein deutscher Besucher eine zehnjährige Einheimische, die ein 14-Postkarten-Paket um einen Euro feilbietet, auf fünfzig Cent hinunter. Auch die Statisten sind unterbeschäftigt, in ihren vermeintlich antiken Rüstungen dienen sie sich als Foto-Aufputz an. Wir treten durch den Vorhangspalt auf den Platz, der sich hinter dem Siq und vor dem Schatzhaus öffnet. Die Kulisse ist umwerfend, das Treiben skurril, Kioske stehen da und die Statistenwächter und noch mehr Kamele. Und viele Touristen, die sich wundern, dass es rechts hinter

dem Schatzhaus noch weitergeht. Nämlich noch dreimal so weit, in ein Historienkulturparadies mit Tausenden Höhlengräbern und Sandsteinfassaden, über einstige Prachtstraßen und tausend Höhenmeter Stufensteige. Man braucht schon mindestens zwei Tage, um all die Nischen anzusehen.

Valentin hat bei der ersten Höhle großen Spaß und schaut wie ein Fenstergucker durch Löcher in der Wand. Bei der zweiten trottet er mit, nach der dritten streikt er. Lässt sich in den Staub fallen, greift zu zwei Steinen und spielt damit Auto. Ich setze mich dazu und spiele mit meinen Gedanken. Petra ist einer der Orte, an denen man sich sortieren muss, um nicht nur die Sightseeing-Checkliste abzuarbeiten. Wo man sich kurz herausnehmen und die Aura wirken lassen muss.

Tags darauf finde ich diese Stimmung. Wenn man einen Ali hat, sieht man nämlich auch die Felsgräber außerhalb Petras, die keiner besucht.

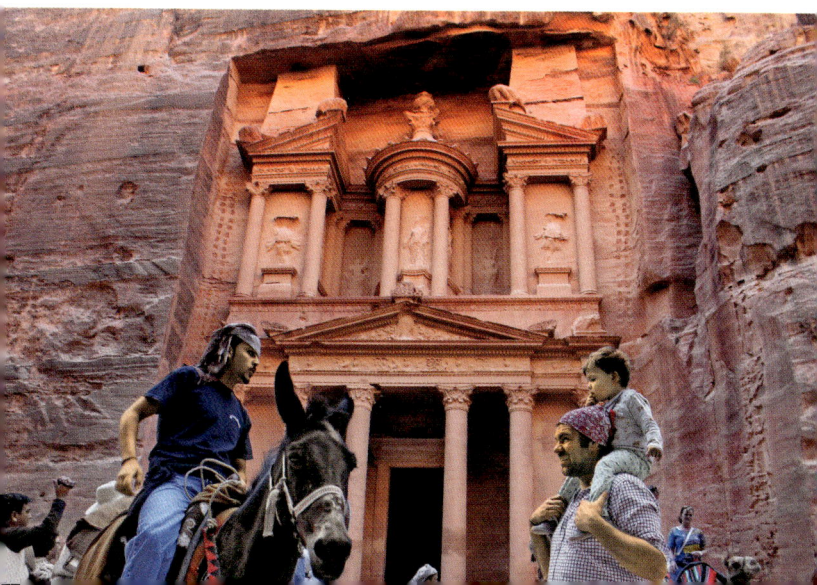

»Valentin, bleib' bei mir in Auto«, sagt er noch und schickt Katrin und mich los.

Die größte Freude macht Ali seinem Reiseenkel im Wadi Rum, Nummer drei der Jordanien-Highlights: Diese Sandwüste ist ein Labyrinth zwischen Steinbergen, von der Erosion geformt und von Lawrence von Arabien als Basisversteck seines Araberaufstandes gegen die Osmanen genutzt. Entdecker können hier eine Woche verbringen, das Gebiet ist riesig, die Wüste auf alle erdenklichen Arten zu erobern.

Dem Kind ist die Gegend eine unfassbar große Sandkiste, den Eltern eine gute Pause im dichten Rundreiseprogramm. Wir erreichen das Wüstencamp, in dem wir eine Nacht verbringen, gegen drei Uhr, nächster Programmpunkt ist das Abendessen um sechs. Wer auf einer Reise unerwartet drei Stunden in der Wüste geschenkt bekommt, sortiert sich und genießt einen Leerlauf bei Tee (*Schai*) oder Kaffee (*Kahwah*). Und so touristisch ein Abend hier ist, ein Kind ist nicht kritisch, sondern beeindruckt. Er schmunzelt nicht über das Luxuszelt mit Klo und Dusche mitten in der Wüste, sondern findet es aufregend, aus dem Fenster zu sehen. Valentin staunt, als das Abendessen aus einem Erdloch gegraben wird, in dem es den ganzen Tag mit Glut gegart wurde. Und als nach dem Essen arabische Lieder von der CD dringen, wer steht als Erster in der Mitte des Raumes und tanzt – mit den Töchtern des Saudis, der auch gerade Tourist ist?

Am nächsten Tag serviert uns Ali auf dem Weg aus dem Wadi Rum noch eine Überraschung: »Beduine, der gestern mit Pickup zum Wüstencamp geführt, lädt euch in sein Haus. Ist gut?«

Ich wusste bislang gar nicht, dass Beduinen mittlerweile auch in Häusern wohnen, aber als ich davorstehe, stelle ich fest: Ja, das ist ein Haus. Ein sehr einfaches Haus am Rande der Wüste. Der freundliche 42-Jährige empfängt uns mit einem breiten Lachen. Er gibt erst mir, dann auch Katrin die Hand, wir sind hier zwar in einem sehr konservativen Umfeld, aber es gibt auch Muslime, die Frauen die Hand geben, so wie Beduinen, die in Häusern wohnen. Valentin nimmt er sofort auf den Arm. Dem gefällt es.

Ich schaue zu, wie der Beduine Valentin seine vierzehn Kinder vorstellt, die er mit zwei Frauen hat. Und mir wird klar, uns alleine hätte der Beduine im Wadi Rum nie in sein Haus eingeladen. Schon gar nicht am heutigen Tag des islamischen Fastenbrechens. Die Einladung zum traditionellen Frühstück – vergleichbar mit einem Brunch am Christtag – galt Valentin.

Wir setzen uns in die Mitte des Wohnzimmers, eines ziemlich leeren Raumes mit Teppichboden, mit uns nur die Söhne. Die Frauen sind in der Küche und bereiten das Fest vor. Eine Tochter trägt ein großes, rundes Tablett herein, darauf liegt Fleisch, mit Zwiebeln geröstet, und Fladenbrot. In der Früh wird beim Fastenbrechen ein Schaf geschlachtet, das abends verzehrt wird. Das traditionelle Frühstück besteht aus den nicht verwertbaren Teilen. Also sitzen wir um zehn Uhr beim Beduinen und schieben uns Schafsinnereien mit viel Brot und gequältem Dankeslächeln in den Mund.

Valentin nimmt unvoreingenommen ein Stück nach dem anderen. Der Beduine lächelt ihn an und sagt etwas auf Arabisch. Valentin antwortet etwas Unverständliches, und so entsteht ein Gespräch, dem sonst niemand folgen kann. Ali übersetzt ein bisschen. Er lächelt mit dem Stolz eines Großvaters.

Ich würge an den Eingeweiden und denke: Der Beduine hat zu Recht das Kind eingeladen.

Fazit

Reisestress 🟠🟠🟠🟠🟠
Kinderprogramm 🟠🟠
Abenteuer & Eindrücke 🟠🟠🟠🟠🟠
Preis 🟠🟠🟠🟠

Arabische Länder sind mit Kindern und für Kinder ein Traum. Die Eindrücke sind gewaltig und die Menschen herzlich wie kaum wo. Stoßen die kinderlieben Araber auf neugierige Kindernasen, entsteht der Stoff, aus dem Reiseträume sind. Solche Begegnungen brauchen Zeit, das Inhalieren von komplett neuen Kulissen wie Wüste und Meer auch, nebenbei müssen Kamele beritten werden. Außerdem verarbeiten Kinder neue Eindrücke wie erwähnt beim Spiel, zwischendurch muss also einmal eine Stunde Steineschieben oder Sandwühlen möglich sein. Daher muss man von der klassischen Jordanien-Runde etwas streichen. Außer man hat drei Wochen Zeit.

Mit dem Flugzeug kommt man aus Europa immer in Amman an. Man braucht zumindest einen Tag für die beiden nördlichen Sehenswürdigkeiten Jerash und Umm Qais. Von dort fährt man entlang des Jordantals Richtung Süden. Ohne die Nordschleife kann man direkt Richtung Madaba fahren und – wie oft in Jordanien – viele Bibelorte besuchen, etwa den Moses-Berg Nebo und das Tote Meer. Dann geht es entlang des King's Highway (eventuell die Festung Shoubak und das Dana Nature Reserve einplanen) bis Petra, danach ins Wadi Rum und schließlich an den Strand von Aqaba. Von dort ist man über die Autobahn in ein paar Stunden wieder zurück in Amman. Wir haben für diese Strecke zehn Tage gebraucht, und es war insgesamt für Valentin etwas zu viel Programm.

Das Klima wechselt auf dieser Reise stark. Wir waren im Oktober dort, und da ist es in Amman in der Nacht schon kühl, in der Wüste und am Roten Meer dagegen schön warm. Im Sommer wird es dort mit Kleinkind zu heiß sein.

Der Preis hängt stark vom genauen Programm ab, für eine einwöchige Gruppenreise muss man mindestens 900 Euro rechnen (inkl. Flug), eine Individualreise wird für eine Familie mit Kind nicht unter 2500 Euro zu machen sein. Viel Erfahrung und Angebote mit und zu Jordanien bietet Raiffeisen Reisen (www.raiffeisen-reisen.at) und Travelkid (www.travelkid.at). Es lohnt sich auch, beim Jordan Tourism Board in Wien nachzufragen: www.visitjordan.com.

Über die aktuelle Sicherheitslage informiert bei allen Destinationen weltweit das Außenministerium unter www.bmeia.gv.at/reise-aufenthalt/reiseinformation.

Tirol:
Lermoos

Laß mich ein Kind sein, sei es mit!

Friedrich von Schiller, deutscher Dichter,
18./19. Jahrhundert

Schokomassage und Fernsehabend
Die Bekehrung des Skeptikers:
Wieso ein Kinderhotel nicht furchtbar sein muss

Der Kasperl hat Valentin fest im Griff. Seit einer Stunde sitzt mein Sohn auf den Treppen am Anfang des Waggons, vor einem Bildschirm und einer Klangwolke der bekannten »Ti-Ti-Ti«-Melodie. Diese Einheit bildet in manchen ÖBB-Zügen das Kinderkino im Stile eines sehr simplen Amphitheaters, das sein Publikum aber bannt wie eine griechische Tragödie. Ich lese inzwischen im Sitz gegenüber, schaue gelegentlich zum Sohn, er schaut auf den Kasperl, dessen Melodie sich stetig in mein Ohr bohrt, so schließt sich der Kreis.

Es ist wichtig für einen gelungenen Trip mit Kleinkind, dass An- und Abreise für alle Beteiligten zumindest erträglich sind. Noch schöner ist, wenn beides stressfrei ist. Im Bestfall sind die Transporte sogar Teil des Abenteuers. Wir Erwachsenen blenden eine lange Autofahrt oder stressige Flüge aus, schnaufen am Ankunftsort einmal durch, rauchen eine oder trinken einen Welcomedrink und schalten erst dann auf Urlaub – jeder hat seine eigene Bewältigungsstrategie. Für ein Kind beginnt die Reise viel früher. Wenn einmal der Koffer aufgebreitet in der Wohnung liegt, fängt das Abenteuer an. Man kann sich hineinsetzen, etwas hineingeben, und wenn das Kind einmal die tiefere Bedeutung des Utensils verstanden hat, ist so ein Koffer schneller mit Spielzeug und Büchern und Kuscheltieren gefüllt, als der Kasperl »Krawuzi« sagen kann. Alles Ausdruck der Euphorie, und die soll immer Vorrang haben. Genauso läuft es bei der Hinfahrt. Da gibt es viel Neues zu sehen, und sie ist bereits Teil der Reise. Wenn Kinder ankommen, haben sie schon einen ganzen Urlaubstag hinter sich. Auch ohne Welcome-drink.

Im konkreten Fall wäre ich mit dem Auto etwa fünf-einhalb Stunden nach Lermoos in Tirol gefahren, hätte alles vor der Haustür im Kofferraum verstauen und vor dem Kinderhotel Alpenrose ausladen können. Mit dem Zug braucht man sieben Stunden, dazu kommt der Weg zum und vom Bahnhof, man muss mindestens zweimal umsteigen und riskiert Kontakt mit anderen Menschen. Andererseits gibt es eben Kinderkino, man kann lesen, im Zug auf und ab gehen, sich hinter Sitzen verstecken, mit dem Sohn die vorbeiziehenden Berge bestaunen, gemeinsam essen oder einnicken oder spielen. Auto ist schnell, Zug ist Reise.

»Paaaapaaa!« Valentin schiebt sich von den Kinotrep-pen und stürzt auf mich zu. Ich blicke zum Bildschirm, der Kasperl scheint jetzt auf Mittag zu sein.

Trifft sich gut, denke ich mir. »Mach auch eine Pause, hast du Hunger?« Valentin nickt und zieht sich auf den Sitz neben mir. Ich drücke ihm ein Käseweckerl in die Hand, er isst die Hälfte und schläft an meinem Bauch ein. Ich lege meinen Arm um ihn und schaue aus dem Fens-ter, der Moment macht mich glücklich. Vielleicht sind gar

Vater-Sohn-Symbiose: Ein junger Udo Jürgens reitet ein Pferd, während Papa daneben Espresso schlürft.

nicht die besonderen Situationen und Gegenden das Schönste am Reisen mit dem Kind. Vielleicht ist es einfach die Tatsache, dass man endlich einmal Zeit für das Alltägliche hat.

Vor dem Fenster ziehen die mächtigen Berge des Tiroler Inntals vorbei, in meinem Kopf die Gedanken. Was wird mich im Kinderhotel erwarten? Ist das genauso … mir fehlt das Wort, ähm, sagen wir: überladen, nein anders, ah ja, ich hab es … *programmiert* wie in der Therme? Wieder eine Kinderwelt, die zwar oft gefällt, aber die Kinderhaftigkeit so überhöht, dass kein Platz mehr für Normalität ist, strikt getrennt zwischen Erwachsenenspaß und Kindervergnügen? Kinder sind doch auch nur Menschen. Die Berge vor dem Zugfenster zum Beispiel gefallen Großen und Kleinen, dazu braucht es weder Pumucklkogel noch Winnetouspitze.

Ich sollte nicht so viel grübeln, denke ich mir. Ich muss offen an die Sache herangehen, wie jeder Reisende an jede Reise. Warum bin ich bei diesen expliziten Kinderangeboten auch immer so skeptisch? Ich glaube, es liegt vor allem an den »Wir betreuen Ihr Kind«-Sprüchen, die solche Anbieter auf den Lippen tragen. Es ist für mich ein riesiger Widerspruch, wenn die Qualität einer Familienreise über möglichst üppige Kinderbetreuung definiert wird. Das wäre wie ein Skiurlaub, bei dem man damit wirbt, dass man eh nicht unbedingt in den kalten Schnee muss. Ich bin vielleicht naiv, aber wer will seinen Zwerg im Urlaub abgeben? Schon wieder denke ich: Man fährt doch mit Kind auf Reisen. Nicht trotz Kind. Die gemeinsame Zeit macht die Qualität aus. Und wenn es schläft oder alleine spielt, hat man seine wohlverdiente Erwachsenenruhe.

Die Lobby der Alpenrose ist die Illustration dieser Wünsche: Während ich das Check-in-Ritual durchlaufe, spielt der ausgeschlafene Valentin mit einem fremden blonden Knirps Fangen um den raumhohen Salzwasser-Zylinder in der Mitte der Halle. Rund um das Aquarium hängen Korbsessel vom Plafond, zugleich Design und Kinderschaukel, die modernen Ölbilder an der Wand könnten teuer oder von Kinderhand sein. Die Mischung passt, denke ich im Stillen, während die beiden Rundenläufer kreischen. Ihr purer Spaß gefällt mir, ich höre den Angebotsvortrag des Rezeptionisten nur mit einem Ohr. In einer Atempause schaue ich wieder zu den Buben und sehe, wie sie ihre Nase am Zylinder platt drücken und einen tropischen Anemonenfisch beäugen. »Nemo«, nennt ihn der Blonde, Valentin kann noch nichts damit anfangen, will diesen Nemo aber durch Schreie am Wegschwimmen hindern.

»Dürfen wir das Gepäck in die Suite bringen?«, fragt der Rezeptionist.

Ich weiß gar nicht, ob er mit der Erklärung schon fertig war oder einfach gemerkt hat, dass ich nicht zuhöre. Da muss ich durch, denk ich mir, und sage mit Blick zum Sohn: »Ja, bitte. Wir bleiben aber noch ein bisschen hier, glaube ich.« In einer der Designschaukeln studiere ich die Hotelunterlagen. Und verstehe langsam, warum die Alpenrose jährlich von vielen Testportalen zum besten Kinderhotel gewählt wird: Gokartbahn in- und outdoor, Kindertheater mit Schauspielkurs, Backen, Malen, Basteln, Zeitungmachen, Kasperltheater, Kino, Schwimmkurse, Billardturnier, Tanzen, Singen, dem Vater schwirrt der Kopf. Und er versöhnt sich langsam mit der Idee eines Kinderprogrammurlaubs, für ein Kind ist das alles schon recht lustig. Als ich gerade beim Punkt »Kinderbetreuung« bin und bei »Wir betreuen Ihr Baby ab dem siebenten Lebenstag« den Kopf schüttle, begrüßt mich Inhaberin Andrea Mayer.

Natürlich fragt sie nach dem Grund des Kopfschüttelns. »Das nimmt tatsächlich kaum jemand in Anspruch. Wer mit seinem Baby kommt, gibt es nicht her.« Sie lächelt. Überhaupt seien die Hauptzielgruppe eines solchen Kinderhotels Eltern mit älteren Kindern. »Die entscheiden schon selbst über ihre Freizeit. Zum Beispiel Mädchen, die eine Modeschau gestalten.«

Mein Gesichtsausdruck klart auf. Kinderbetreuung ist nicht unbedingt für Eltern, die ihre Kinder loswerden wollen, sondern für Halbwüchsige, die Mama und Papa nicht mehr bei ihrem Spaß dabeihaben wollen. Frau Mayer hat mir in zwei Sätzen die Welt und meine traurige Zukunft erklärt.

Jetzt lacht sie. Und spricht einen wunderbaren Nachsatz, vielleicht um mich zu trösten, vielleicht weil es wahr ist: »Und die dann ihre Eltern in die Show mitnehmen.«

Trotzdem schauen wir uns am nächsten Morgen als Erstes den Kinderbereich an, der zwar laut Prospekt »auf hohem Niveau«, aber leider im Keller untergebracht ist. Das wenige Tageslicht fällt durch Dachluken, das viele Neonlicht stört mich sofort. Valentin kümmern solche Details nicht, er verschwindet im Bällebad, während ich von einer Mitarbeiterin über Name, Alter, voraussichtliche Aufenthaltsdauer in der Kinderbetreuung, Handynummer und Vorlieben des Sprosses befragt werde. Vierundzwanzig sehr bemühte Menschen unterhalten, füttern und umsorgen hier die Kinder.

»Valentin, willst du dableiben?«, frage ich den Sohn. Statt einer Antwort bekomme ich ein Quietschen, er klettert wieder die kleine Rutsche hinauf und saust mit voller Wucht ins Bällebad. Ich lasse mein Kind also für eine Stunde in der Betreuung.

Auch ein Zwanzigmonatiger kann in Freizeitstress verfallen, am Nachmittag probieren wir alles aus, das meiste gefällt. Um noch rechtzeitig zum Abendtanz mit Maskottchen Smiley zu kommen, muss das Essen zügig ablaufen. Zwar ist das Kinderbuffet auch hier gewohnt einfallslos, siehe Sonnentherme Lutzmannsburg, aber der Vater darf für den Sohn aus den täglichen Menüs wählen. Und, hört, hört, liebe Kinderspeisenkarten-Entwickler, dem Zwanzigmonatigen mundet »Süßsaures Schweinefleisch mit Karotten-Staudensellerie und Duftreis« ebenso wie »Ravionlotti con Tartuffo«. Die Alpenrose verspricht Gourmetküche, was sie fast hält.

Kurioserweise werden Kinder durch lange Tage nicht müde, sondern aktiv, Eltern kennen dieses Phänomen. »Valentin, ein Buch lese ich dir vor, aber dann ist Schicht im Schacht, Licht ab.«

»Wääähhhäääää, wääähhhhäääää.«

»Du brauchst gar nicht schreien, ich bin müde und außer Dienst. Und ich will fernsehen.«

Er schreit weiter. Ich nütze die penetrante Uneinsichtigkeit des Kleinkindes und mache auf Erziehung. »Dann nicht. Ich gehe.« Dämlich, aber eigentlich bin ich ihm dankbar, ich will mich wirklich kurz hinlegen und die Fernsehbilder auf mich einprasseln lassen. Ein Vorteil des eigenen Kinderzimmers im Quartier ist, dass man das Geplärr durch die geschlossene Tür nicht so laut hört. Ich schalte den Fernseher ein und entdecke ein unerwartetes

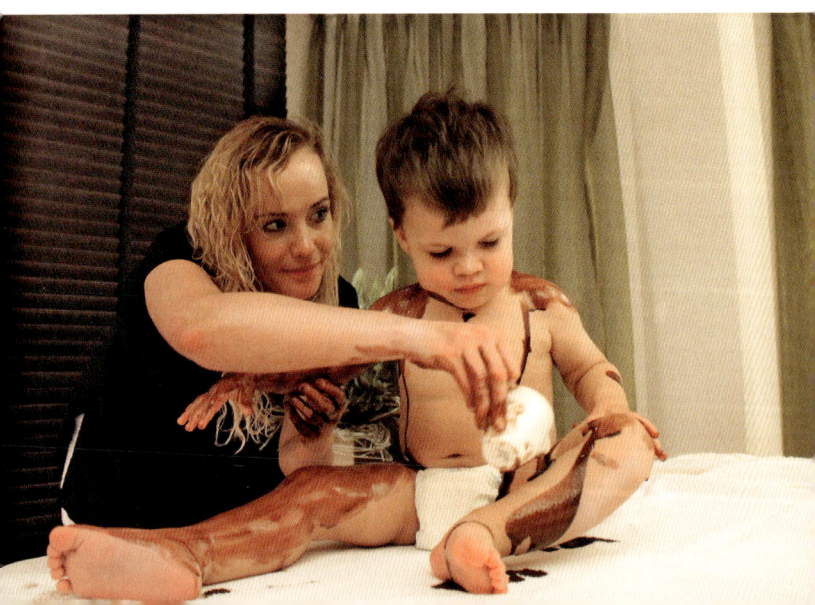

Detail: Das Gerät verfügt über die technische Raffinesse, das Programm der vergangenen Tage zu speichern. Das mag banal klingen, aber für einen Vater mit latenter Fernsehsucht ist es eine Offenbarung, wenn die Lieblingsserie nicht obligatorisch um 20.15 Uhr anfängt, daher das Niederlegen des aufgekratzten Sprosses, das Buchlesen, Über-den-Tag-Plaudern und Der-Mond-ist-aufgegangen-Singen nicht unbedingt um zehn nach acht vollbracht sein muss. Ich drehe ab, öffne die Tür, wische Valentin den Tränenrotz aus dem Gesicht und schlage das Buch auf.

Wie einfach ein Valentin-Vater zu begeistern ist, zeigt sich auch am nächsten Tag. Wenn der Sohn in einem passenden weißen Bademantel – die haben hier sogar mehrere Kindergrößen, ich bin schon wieder beeindruckt – wie der ganz junge Udo Jürgens durch die Gänge stapft, wird Papi das Herz weich. Wir sind auf dem Weg zum vielleicht perversesten Kinderangebot, das ich auf allen

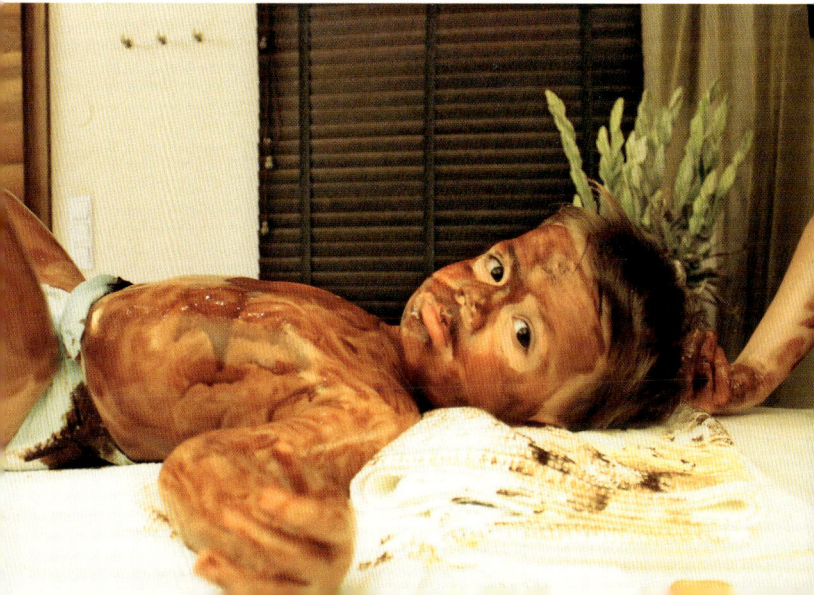

Reisen erlebt habe und je erleben werde: die Vater-Sohn-Schokolademassage. Aber Valentin liegt ruhig wie ein sediertes Katzerl, als ihm die blond gewellte Masseurin aus einem Kännchen Kakao über den ganzen Körper gießt. Grad, dass er nicht schnurrt, mit tiefenentspanntem, starrem Blick und einem leisen Seufzer schleckt er die Schoko von der Lippe und ignoriert das lächerliche Bild eines wuchtigen Vaters im Einwegtanga, dessen wucherndes Brusthaar mit Schoko vermengt wird. So grausig der Moment ist, so schön ist er, die Qualität ergibt sich aus dem gemeinsam Erlebten.

Im Kinderschwimmbereich »Piratenland« wendet sich das Blatt, dort muss Valentin mich mit Hungergeschrei wegholen, als ich dabei bin, das eroberte Schiff gegen alle anderen Kinder zu verteidigen. Nach dem Essen finden wir wieder zusammen und einen Ort, an dem unsere individuellen Spaßvorstellungen harmonieren. Ich lasse mich auf die Ledercouch im Loungebereich fallen und bestelle einen Espresso. Valentin besteigt eines der Schaukelpferde, die zwischen den Couches stehen. Ich raste, er hutscht. Als mein Blick durch den Raum schweift, sehe ich ähnliche Eltern-Kind-Einheiten. Und niemanden, der seinen Nachwuchs gerade lieber in der Betreuung hätte.

Fazit

Reisestress
Kinderprogramm
Abenteuer & Eindrücke
Preis

Unter dem Namen »Kinderhotels« versammeln sich einige der renommiertesten Familienhotels in Österreich und Umgebung (www.kinderhotels.com). Das »Leading Family Hotel & Resort Alpenrose« ist fast jährlich in irgendeiner europäischen oder weltweiten Top-Liste ganz vorne. Und sogar ich als Skeptiker, dass es überhaupt ein eigenes Tourismusformat für gelungene Eltern-Kind-Urlaube braucht, muss sagen: Dem Haus in Lermoos gelingt die seltene Kombination von üppigem Angebot für Kinder und Raum für selbstständige Abenteuer. Bis hin zu so durchtriebenen Angeboten wie einer Schokomassage, die wirklich ein ganz besonderer Vater-Sohn-Moment wurde und bei der Valentin in sein erstes Wellnesskoma fiel.

Lermoos ist weder mit dem Auto noch mit dem Zug einfach zu erreichen, der Ort im Tiroler Außerfern liegt abseits der Hauptrouten. Mit dem Zug muss man fast von überall kommend in Innsbruck nach Garmisch-Partenkirchen umsteigen, dort dann nach Lermoos, wo Alpenrose-Gäste vom Bahnhof abgeholt werden. Von Garmisch-Partenkirchen bietet das Hotel einen kostenpflichtigen Transfer (ca. 50 Euro). Allerdings kommt es auf diesen letzten Umstieg nicht an, gerade dieses Stück ist vom Zug aus hübsch, durch den Wald und vorbei an der Zugspitze, man braucht außerdem kaum länger als mit dem Auto.

Das »Leading Family Hotel & Resort Alpenrose« bildet gemeinsam mit dem »Kinderhotel Oberjoch« in Deutschland die »familyhotels.com«. Es ist wirklich ausgesprochen gut ausgestattet, von Babyfon (mit Schnurlostelefon, herkömmliche würden in der weitläufigen Anlage nicht funktionieren) und Luftbefeuchter über CD- und DVD-Player bis zur Rückentrage zum Wandern und Kinderwagen. Baby-Pflegeprodukte und Windeln zum Wechseln liegen auf. Baby- und Kinderclub machen täglich Programm und gehen mit den Kids auch ins Freie, es gibt Schwimmkurse gegen Bezahlung. Für Eltern wird von Golf bis zur Weinverkostung (außergewöhnliches Sortiment) allerlei Hedonismus geboten. Apropos: Nach Verfügbarkeit stehen täglich bis zu zwei Stunden gratis ein BMW, eine Harley Davidson, Golfcarts und Segways zur Verfügung.

Die meisten Ausflugsziele wird man in der Zeit allerdings nicht erreichen: das verschlafen-urige Lechtal ist 35 Kilometer entfernt, das Königsschloss Neuschwanstein fünfzig, nur der Streichelzoo Bichlbach liegt ums Eck. Hauptattraktion der Gegend und quasi immer vor der Nase ist die Zugspitze, auf die man hinauffahren kann, die Umgebung bietet viele Wandermöglichkeiten und Aktivitäten. Das kleine Skigebiet Grubigstein vor der Hoteltür gilt als Geheimtipp, insgesamt bietet die Tiroler Zugspitz Arena 148 Kilometer Pisten. Auf dem Gelände der Alpenrose gibt es einen Übungshang für Kleinkinder mit Skilift und Karussell.

Der Urlaub hier hat seinen Preis, selbst für das selten umfassende »Ultra-All-inclusive«. Die genauen Preise variieren stark nach Reisezeit und Zimmertyp – es gibt kaum zwei gleiche, was charmant ist. Die Palette reicht von rund 130 Euro pro Person und Nacht bis gut 700 Euro. Kinder bis drei Jahren zahlen in allen Kategorien (bei zwei voll zahlenden Erwachsenen) 40 oder 55 Euro, je nach Zeit. Info: www.hotelalpenrose.at

Ab Dezember 2016 gehört das neue »Leading Family Hotel & Resort Dachsteinkönig****s« zu den Familyhotels. 117 Familiensuiten sowie Einzel- und Doppelchalets mit eigener Sauna (alle mit eigenem Kinderzimmer) sollen erfüllen, was sich Familien heutzutage angeblich wünschen. Auch hier gibt es Kinderbetreuung ab dem siebten Lebenstag – »sieben Tage in der Woche von 8 bis 21 Uhr«. Riesige Wellness- und Saunalandschaft, noch riesigerer Indoor-Spielbereich, dazu eine hundert Meter lange Wasserrutsche, outdoor auch eine Hüpfburg, einen Abenteuerspielplatz, Kinderfahrzeug-Parcours, Streichelzoo und einen eigenen Skihang – das neue Ressort liegt am Fuße des Dachsteins mit Blick auf den Gosaukamm und Skigebiet vor der Tür.

Salzburg:
Kitzsteinhorn
Kaprun

Der Schnee ist weiß, wo nicht Menschen
sind. Der Schnee ist weiß für jedes Kind.

Joachim Ringelnatz, deutscher Dichter
19./20. Jahrhundert

Gletschertrip und Zugabe
Disneyland am Dreitausender:
Wo der ehrgeizige Sohn sein Skidebüt einforderte

Die letzte Reise des Karenzjahres ist der richtige Moment,
um Valentin mit der Grundlage des österreichischen
Selbstbewusstseins bekannt zu machen. Es ist Dezember,
der erste Kontakt mit Schnee vor fast einem Jahr war viel-
versprechend, und wenn wir schon auf einen beschneiten
Berg fahren wollen, könnten wir ja etwas versuchen, das
ein paar andere Länder unter Sport einordnen, hierzu-
lande aber eine Kulturtechnik ist, die uns immer wieder
in den Größenwahn versetzt, dass Österreich die un-
schlagbarste Nation der Welt wäre.

Skifahren.

Einige Anrufe später bin ich verdutzt. Es gibt ausreichend freie Quartiere, aber alle Skischulen behaupten,
der Sport funktioniere erst mit zweieinhalb Jahren. Wollen Sie mir sagen, dass mein einundzwanzig Monate alter
Sohn nicht Ski fahren kann? Die Vehemenz der Befragten
befeuert mich nur und schlussendlich halte ich es für eine
List der Westösterreicher, die ihnen den Ski-Vorsprung
gegenüber Wienern sichern soll. Ich krame im Hirn
meine alte Reiseweisheit »Glaube nie einem Einheimischen« hervor und erkläre das Projekt für eröffnet. Früh

übt sich, wer einmal ein übermotivierter Fußballpapa werden will.

Also zeige ich Valentin jedes Skirennen im Fernsehen. Weise immer wieder subtil darauf hin, wie super Skifahren ist. Das Interesse bleibt überschaubar, aber dann finde ich die perfekte Destination und zeige dem Sohn die Fotos vom Kitzsteinhorn bei Kaprun. »Magst du dorthin?«

Valentin grinst.

»Dort kann man auch Ski fahren.«

Egal.

Kaprun erreicht man schnell, der Ort neben Zell am See liegt zentral und am Fuße des Kitzsteinhorns. Aus diesem Dreitausender haben die Kapruner über die Jahre einen Themengletscher mit Liegestühlen, Eisbar und Rutschbahnen gemacht, zu dem im Sommer besonders viele Araber pilgern. Ich habe vor Jahren einmal erlebt, wie sie sich dem Schnee nähern, in Sandalen und mit einem Gesichtsausdruck wie ein Kind vor dem Christbaum.

Mit solchen Bildern im Kopf drücke ich Valentin in der Seilbahn freudig an mich. Als bei der Bergstation die Tür aufgeht, stapft der Sohn im dicken Overall neugierig wie ein Welpe und unerschrocken wie eine Pistenraupe zum Ausgang. Am Ende der dicken schwarzen Gummimatten bleibt er stehen, rund um ihn knallen Leute ihre Bretter auf den Boden und steigen krachend in die Bindung. Valentin hat keinen Blick für die vielen Menschen auf dem Alpincenter-Plateau des Skigebietes Kitzsteinhorn. Er starrt auf das weiße Etwas, das an die Matten anschließt.

Angemessener Rahmen für das Skidebüt: das Plateau des Alpincenters
Kitzsteinhorn – mit Skiverleih

Er hebt den Kopf und sieht die Hänge, die Gipfel, alles
weiß. Valentin schaut mich fragend an und setzt den
rechten Fuß über die Schwelle.

Erste Schritte im Schnee verlieren nie an Zauber. Ich
bin dem Kind an meiner Hand so nahe wie jenem in mir.
Der Sohn, der bis jetzt im Schnee nur gezogen wurde,
schaut stur auf die eigenen Füße, die bei jedem Schritt ein
wenig versinken, bei jedem Heben ein wenig Weiß in die
Luft wirbeln. Er übersieht die Hunderten Skifahrer, alle
aufgeregt vor den ersten Schwüngen des Jahres. Ich halte
ihm den Weg frei und bin aufgeregt vor dem ersten
Schwung seines Lebens.

Immer öfter muss man für eine brauchbare Schneedecke hoch hinaus. Das bedeutet für die Region um Zell am See, dass oft alle Skiurlauber auf das Kitzsteinhorn kommen, weil die Pisten rundherum niedriger liegen. Der Gletscher ist aber nicht nur Zufluchtsort für Skifahrer, sondern bietet wie erwähnt ganzjährig ein Schneeabenteuer. Zwei zusätzliche Gletscherbahnen sind in Bau, die derzeitige Bergstation wurde zum Gletscher-Erlebnispark ausgebaut. Diese »Gipfelwelt« lockt mit einem prämierten Nationalpark-Film als höchstem Kinoerlebnis des Landes und »Top of Salzburg«-Ausblick. Und dem neu gestalteten Bergwerkstollen mit Informationen über Kristalle und Tauerngold, der 360 Meter leicht bergab in den Berg und zu einem Highlight führt: Als Daunenoverall-Valentin – abstehende Arme, Beine leicht gegrätscht – durch die Schiebetür auf die Aussichtsplattform tritt, blendet ihn die Sonne. Kurze Gewöhnung, die Augen werden größer, der Mund öffnet sich. Hier hat man auch in schneearmen Wintern den Blick

auf weites Weiß, in den Nationalpark Hohe Tauern, auf unzählige Dreitausender. Valentin schaut mich an, was ist das bitte, dreht sich wieder um, wiederholt das dreimal und startet los, läuft auf die lange Aussichts-Glasplatte, die über den Abgrund ragt. Der Abenteurer ist wach und überwältigt, dazu muss er nicht einmal wissen, dass er auf einen Berg namens Großglockner zuläuft.

Auf dem Rückweg durch den Stollen merkt zuerst Valentin, dass »leicht bergauf« auf 3000 Meter herausfordernd ist. Er will nicht mehr, da hilft kein motivierendes Wort, Papa, das ist jetzt dein Problem, löse es. Mit dem geschulterten Kind keuche dann auch ich. Valentin will nicht einsehen, dass dem Vater hier oben der Turbo versagt, er zieht an meinen Haaren, akzeptiert aber schlussendlich doch, dass immer der Träger das Tempo bestimmt.

Seine Rache heißt Schlaf. Nachdem ich ihn noch kurz bei der »Ice Arena« durch den Tiefschnee schleife, er soll

ja vor dem Sportgerät noch den Untergrund genau studieren, schläft er beim schnellen Mittagessen im Gipfelrestaurant trotz Panorama, Schnitzel und Pommes außerplanmäßig ein.

»Macht ja nix, dann verschieben wir das Skidebüt auf morgen«, sage ich mit extrem schlecht gespielter Leichtigkeit – wenn du das nicht ernst nimmt, kannst du dir den Olympiasieg abschminken, Sohn.

Zurück im Quartier wacht er wieder auf, was natürlich gar nichts mit dem pedalbetriebenen Traktor vor der Haustür zu tun hat. Langsam beschleicht mich das sichere Gefühl, dass mich Valentin auf unseren Trips ausbremst, allein, ich kann es ihm nicht nachweisen.

»Na, wie war der erste Skitag?«, fragt unsere Vermieterin, eine sehr freundliche Dame, die nicht ahnen kann, in welcher Wunde sie bohrt.

»Wir haben ihn auf morgen verschoben, er war nach dem ganzen Gipfelwelt-Rundgang zu müde.«

»Na macht ja nix, morgen wird es auch wieder sonnig.« Einheimische reden gerne über das Wetter. Das passt hierher. Nach den teils schicken Hotels vergangener Monate inhaliere ich in der Pension Ripper wieder einmal ein kleines Quartier mit großem Herz und notiere geistig: Man sollte öfter im »Nächtigung-mit-Frühstück«-Segment urlauben. Die Zimmer sind klein und charmant, das Gitterbett hat nur unter dem Fernseher Platz, aber wenn man es mit einem Handtuch zudeckt und den Ton fast wegdreht, kann man trotzdem schauen, heißt ja Fernsehen und nicht Fernhören. Das Frühstück kommt ohne Schnickschnack, dafür mit Plauderei über das Wetter. Auf dem Spielzeug

klebt die Patina der eigenen Kinder, die schon zwanzig und aus dem Haus sind, statt Wellnessbereichen gibt es einen Aufenthaltsraum zum Wohlfühlen. Fast überflüssig zu sagen, dass sich Valentin blendend mit Frau Ripper versteht.

Tag zwei, wieder Sonne, da hatte die gute Frau recht, kein Aufschub mehr, heute ist Skitag. Im Alpincenter kann man auf 2800 Meter die Ausrüstung ausborgen, da muss man nix aus dem Tal mitnehmen. Der freundliche Intersport-Shopleiter Alex versteht mein Ansinnen: Wir probieren nur, auf Skiern herumzurutschen. Was, nein, nein, wir gehen nicht Ski fahren, obwohl Valentin das vielleicht eh schon könnte, aha, nicht, erst mit zweieinhalb, ja hab ich mir eh gedacht. Er stellt uns alles vor die Nase, kleine Schuhe, kleine Ski, Helm.

Valentin greift sofort einen Schuh. »Dada?«, fragt er mehr sich als mich.

»Ja, Schatzi, das sind Skischuhe, magst einmal hinein-schlüpfen?« Ich rechne mir gute Chancen aus, er liebt derzeit jegliches Schuhanziehen, schon ist er drin. Und meine Befürchtung, dass er mit den schweren, engen Dingen an seinen Füßen eine Krise aufreißt, verhallt im Klackern der 26er-Klötze, als der Sohn grinsend durchs Geschäft stapft. Auch die Helmprobe glückt. Ich grinse, wieder ein Schritt zu Olympiagold. Ich gehe, links Ski, rechts Kind, mittig stolze Brust, raus in den Schnee.

In die Bindung, Valentin grinst. Erster geschobener Meter, er kippt nach hinten, ich richte ihn auf, hysteri-sches Lachen. Zehn Minuten geht es hin und her und ein bisschen runter und wieder rauf. Rutschen an meiner Hand, stehen ganz alleine. Dem Buben gefällt das Inte-resse Umstehender. Nur des Vaters Ekstase scheint ihm ein bisschen peinlich.

Nach einem Jahr und zwölf Reisen, im letzten Moment des letzten Tages, geniert sich Valentin zum ersten Mal richtig für mich.

Sie werden ja so schnell erwachsen.

Fazit

Reisestress 🔴🔴⚪⚪⚪
Kinderprogramm 🔴🔴⚪⚪⚪
Abenteuer & Eindrücke 🔴🔴🔴🔴🔴
Preis 🔴🔴⚪⚪⚪

Das Kitzsteinhorn ist einer der am leichtesten zugängli-chen Gletscher in Österreich. Daher kommen auch im

Sommer Touristen, die Schnee nur aus Disney-Filmen kennen, und lassen sich Gletscher, Schnee, Bergwesen und -erlebnis zeigen. Die Gipfelwelt 3000 ist mit Cinema, Nationalpark Gallery im Stollen, zwei Aussichtsplattformen, Bergrestaurant, der Ice Arena und dem Ice Camp auch für Kleinkinder ein Erlebnis, die Kleinen werden aber in der extremen Höhe schnell müde.

Auch das erste Skiabenteuer lässt sich hier gut umsetzen, der Skiverleih ist direkt bei der Bergstation, die Debütmeter sind in dieser Kulisse toller als im Tal. Das Skigebiet selbst ist schön, mittelgroß und maßlos überfüllt, wenn in tiefen Lagen alles grün ist. Die Tageskarte für alle Liftanlagen der Region Zell am See–Kaprun kostet derzeit für Erwachsene 50 Euro, die Dreitageskarte 144 Euro. Kinder bis sechs werden gratis befördert (www.kitzsteinhorn.at).

Die Region hat unzählige Unterkünfte, der Tourismusverband hilft, einen Überblick zu gewinnen: www.zellamsee-kaprun.com. Die Packages »Schnee Okay« und »Schnee Okay LAST MINUTE« beinhalten Quartier, Skipass für alle Liftanlagen der Region und Ermäßigung beim Skiverleih. In der Kategorie »Übernachtung mit Frühstück/privat« kosten derzeit drei Tage 196 Euro, sieben Tage 393 Euro, die Packages gibt es aber auch für Tophotels. Informationen zur gemütlichen Pension Ripper finden sich unter www.kaprun.at/ripper.

Die sehr schöne und kinderfreundliche Therme »Tauern SPA« verlangt aktuell 27 Euro für die Erwachsenen-Tageskarte, Kinder bis drei sind gratis. Direkt an die Therme ist auch ein Hotel angeschlossen.

Epilog

Warum man zweitens das Reiseprogramm halbieren soll. Und sich erstens vollkommen auf sein Kind einlassen darf.

Die Welt sehnt sich aus irgendeinem Grund nach Ratgebern. Seit ich mit Valentin in meinem Karenzjahr so viel unterwegs war, werde ich oft gebeten, Rat zu geben. Ob ich nicht ein paar gute Tipps hätte, wohin könnte man mit dem Nachwuchs reisen, wie würde man das am besten anlegen, wie ist das mit dem Essen und dem Notfall und sowieso und überhaupt?

Nun habe ich zwei Probleme mit Ratgebern: Sie wollen immer recht haben und nehmen sich zu ernst. Es mangelt ihnen an der nötigen Selbstironie und an der Erkenntnis, dass auch ein anderer Weg grandios sein kann. Diese Eigenschaften hat der Besserwisser in mir – siehe Vorwort – naturgemäß zwar auch. Aber er hat ein stimmgewaltiges Korrektiv in sich, den Reisenden, der in meiner Brust gleich neben dem G'scheiterl lebt. Und der beantwortet die Frage nach Ratschlägen meist mit folgendem Satz: »Wenn du mit deinem Kind wegfahren willst, plane die Reise genau so, wie du sie ohne Kind planen würdest. Dann halbiere das Programm oder die Strecke bei gleicher Reisedauer.«

Dieses Halbieren ist für mich das mit Abstand Zweitwichtigste, wenn man sich mit Kind auf Entdeckung begibt, und nichts anderes ist eine Reise für den Spross. Kinder nehmen sich Zeit für Details und Menschen, die wir übersehen oder für nicht wichtig erachten. Sie nehmen sich die Zeit nicht nur, sie fordern sie vehement ein. Vielleicht entkommt man dieser Forderung ein paar Mal mit Ablenkungsmanövern, aber ich garantiere, man fragt sich bald: Warum eigentlich? Die Kinder halten uns einen Spiegel vor: Du willst doch auch in das Fremde und Neue eintauchen, also tauche!

Dazu gehört, beim Programm ein bisschen flexibel zu sein. Sicher, man tendiert dazu, Quartiere zu buchen und den Ablauf zu planen. Es sollte aber Zeit bleiben, zwischendurch von der Route abzubiegen, etwas einzuschieben, auszulassen oder an einem Ort spontan zu übernachten, weil man sich dort wohlfühlt. Wenn am Zielort nicht gerade Hauptsaison ist, könnte man sogar einmal wirkliches Treibenlassen versuchen. Kleiner Nebensatz: Auch ohne Kinder tut solches Reisen gut. Manche buchen nur den Flug zum Ankunftsort und sonst nichts, eine Reise ins Ungewisse, herrlich.

Kinder brauchen zusätzlich Stunden ohne Programm, um die Tausenden Eindrücke zu verarbeiten, die beim Reisen auf sie einprasseln. Eindrücke, die wir oft gar nicht wahrnehmen. Ein Beispiel: Beim einstündigen Bustransfer vom Flughafen zum Quartier schauen die meisten Erwachsenen in den Reiseführer oder plaudern miteinander oder schließen die Augen – ein Kind schaut aus dem Fenster und sammelt Bilder. Solche neue Informationen sortiert das kindliche Gehirn vor allem im Spiel, Erwachsene erledigen das im Schlaf. Das Kind hat also nicht nur mehr zu verarbeiten, es braucht auch Tagesfreizeit dafür.

Die halbierte Planung hat außerdem einen pragmatischen Grund: Wenn man unterwegs ist, ändert sich oft der alltägliche Rhythmus, von Stuhlgang bis Mittagsschlaf. Das merken sogar sensible Große, viel stärker gilt das für Kinder. Also muss eine zusätzliche Windelpause ebenso drin sein wie eine Stunde Dösen in der Wiese.

Das alles ist nur am zweitwichtigsten. Mein Tipp Nummer eins ist viel simpler und scheint im ersten Moment selbstverständlich zu sein: Entdecken Sie vor einem fremden Land die Vorlieben Ihres Kindes, und die eigenen gleich mit. Man muss ein Gespür, ein Gefühl entwickeln, um die richtige Reise zu finden, das gilt für jedes Alter, aber besonders bei kleinen Kindern. Sonst sind alle Tipps der Welt nichts wert: Man braucht keine Anleitungen, sondern Verständnis. Ich wehre mich deswegen auch, Tipps wie »Reisepass rechtzeitig checken«, »Versicherungen überlegen« oder »Reiseapotheke mit dem Kinderarzt besprechen« zu geben. Ja eh, Kinder welken in der prallen Sonne und müssen immer wieder trinken und essen. Wer darauf nicht selbst kommt, wird auf Reisen vielleicht überfordert sein. Aber auch wer mit perfekt sortierten Dokumenten und knallvoller Reiseapotheke losfährt, wird nie ganz ankommen, wenn er sich nicht auf die Reise einlässt.

Das Entwickeln dieses Grundgefühls ist gerade jetzt wichtig. Die gesamte Tourismusbranche ist drauf und dran, Familien für sich zu gewinnen. Fast jeder Ort und jede Unterkunft basteln ein entsprechendes Angebot zusammen: von speziellen Oma-Opa-Enkel-Wochen auf

Kreuzfahrtschiffen über Mutter-Kind-Spa-Angebote bis Babyaufsicht, Waldspielplatz und Kinderprogramm. Die professionellen Marktentwickler wissen, dass Eltern ihren Kleinen heute mehr Fremde zutrauen als die Adria oder einen österreichischen See. Bei so vielen Angeboten sichert allein das Gefühl die Orientierung. Nicht jeder Kinderclub ist es wert, ein gemeinsames Abenteuer dafür zu opfern. Lieber mal ein Wagnis in Kauf nehmen und dafür dem Spross und sich eine wirklich gute Zeit bescheren. Trotzdem wage ich mich mit Valentin weiterhin in Thermen und Kinderhotels.

Im Ernst: Ich nehme mich immer wieder an der Nase, denn meine Art zu reisen ist nicht zwangsläufig die unterhaltsamste für den Sohn. Daher scheue ich auch vor Resümees zurück, obwohl mir die Frage längst nicht mehr neu ist: Welche Valentin-Reise denn nun die beste war? Man muss vorsichtig sein, zu schnell mischt sich die eigene Aversion oder Zuneigung in dieses Fazit. Manchmal muss man sich dem Reisenden in seinem Kind nähern wie einem fremden Land und ihn wirken lassen. So entdeckt jeder die Reise, die er mag. Und bekommt die Reise, die er verdient.

Die Erzählungen von Valentins Fahrten sind deshalb nur Orientierung und Anregung – gespickt mit kleinen Erkenntnissen. Denn, so viel Besserwisser bin ich, ein paar Tipps hab ich schon.

Reisestress. Wie aufwendig ist die Vorbereitung? Wie komplett ist die Versorgung am Urlaubsort oder entlang der Route? Vor allem: Wie anstrengend ist das Vorankommen? Stress ergibt sich oft aus Anreise und Transporten vor Ort.

Wie erwähnt beginnen Reisen für Kleinkinder an der Haustür, vier Stunden Spielen im Zug sind lustiger als zwei Stunden Autofahrt. Die Eisenbahn ist aus mehreren Gründen ein probates Transportmittel, wie generell der öffentliche Verkehr. Da nehmen Kinder gerne Kontakt mit fremden Menschen auf. Das ist innerhalb Österreichs vielleicht weniger exotisch als in Mittelamerika, aber für einen kleinen Valentin ist der kernige Tiroler Dialekt einer Sitznachbarin ebenso ein fremdes Original wie ein Bauer in Nicaragua, der seine Hühner mit dem Bus ausliefert. Außerdem ist Zugfahren meist günstig – die ÖBB bietet mit der Family-Vorteilscard die Fahrt für Eltern zum Halbpreis an – man kann sich frei bewegen und neben dem Kinderkino verkürzen Spiele oder Bücher und Spielzeug die Anfahrt.

Besonders wichtig ist Ablenkung auch im Flugzeug, man sollte unbedingt handliche Spielsachen mitnehmen, die am besten nicht hinunterfallen – ich möchte nie wieder zwischen zwei Sitzreihen einen Ritter suchen. Zwei Tipps zum Fliegen: Kleinkinder können bei Start und Landung noch keinen Druckausgleich machen, wenn sie trinken oder essen, geht es automatisch. Valentin brauchte trotzdem nie ein Flascherl beim Start, er hat sogar einen Flug vollkommen verschnupft problemlos überstanden. Notfalls gibt es Nasensprays für Kinder, die die Atemwege kurzfristig freilegen. Noch wichtiger ist der Eincheck-Trick: Weil Kinder bis zwei Jahre meist gratis fliegen, also keinen Sitzplatz haben, empfehle ich einen frühen

Online-Check-in, bei dem die Eltern sich einen Fenster- und einen Gangsitz nehmen. Die Mittelsitze werden im Normalfall zuletzt vergeben, und sollte der Flieger doch voll sein, wird der eingeklemmte Passagier gerne mit einem der Eltern tauschen.

Fahrten mit dem Auto haben den Vorteil des jederzeit möglichen Stehenbleibens, wenn ein Ort besonders fasziniert. Gerade bei Kindern entsteht Faszination spontan und gelegentlich in Form von Hungergebrüll. Es ist angenehmer, das Flascherl mit Blick auf die Landschaft zu verabreichen als zum Beispiel im Tourbus. Mit Kleinkind in einer Reisegruppe unterwegs zu sein, kann ich mir übrigens überhaupt nicht vorstellen, nennen wir es meine ganz persönliche rote Linie. Ein weiterer Vorteil des eigenen Autos ist natürlich die Bequemlichkeit, alles vor der Haustüre ein- und vor dem Quartier wieder ausladen zu können. Allerdings verleitet das dazu, auch das Unnötigste noch mitzunehmen, denn ehrlich, noch nie fuhr jemand mit halb leerem Kofferraum in den Urlaub.

Noch mehr Raum für den Hausrat hat man im Wohnmobil, und ich möchte sagen, dass ich diese Art, mit Kind zu reisen, grandios finde. Nicht vergessen: Wie bei Mietautos unbedingt den Kindersitz vorreservieren!

Fast genauso schön haben Valentin und ich unsere Radtouren empfunden. Selbst Nichtradler werden in der Langsamkeit einen Reiz entdecken, entscheidend ist die Wahl des richtigen Gefährts und der richtigen Gegend. Die Möglichkeiten reichen von Strecken durch weite Natur bis zu Kulturpfaden oder Weinregionen. Ich bin auf meiner Weltreise Familien begegnet, die Neuseeland und Patagonien mit Rad und Anhänger entdeckt haben, sie sahen immer glücklich aus, wenn auch manchmal nass. Ich empfehle erstens ein Rad, bei dem das Kind vor dem Lenker in Korb oder Kiste sitzt, und zweitens Tagesetappen von maximal vierzig Kilometer.

Nur eine Fortbewegung ist noch ruhiger als Radeln: Zu Fuß gehen ist mehr als nur eine Notwendigkeit, man sollte es auf Reisen immer wieder einbauen. Auf Städtetrips lohnt sich dafür ein Buggy, man spart sich das Rucksacktragen – übrigens ist der Buggy auch beim Fliegen praktisch, weil man ihn bis zur Kabine mitnehmen und bis dorthin als Ablage nutzen kann. Wenn auf einer Reise viele Besichtigungen geplant sind, sollte man sich vorher über die Beschaffenheit der Wege erkundigen.

Als Wanderer empfehle ich jedem, Gehen einmal zum Hauptprogramm einer Reise zu machen. Als Vater bin ich aber skeptisch, ob man das mit einem Kleinkind tun sollte. Stundenlang in der Rückentrage zu sitzen, ist für manche Kinder erträglich, aber eigentlich kein Knaller, oder? Ich würde mit sehr kurzen Touren beginnen und mehr Zeit auf der Almwiese als auf dem Weg verbringen, dann langsam steigern. Es gibt sehr unterschiedliche Meinungen darüber, welches Alter mit welcher Gehzeit harmoniert. Valentin geht gerne, ich habe das immer forciert, aber schlussendlich kann man sich nur nach seinem Spross richten. Valentin ging jedenfalls mit zwei Jahren auf ebenen Wegen eine gute halbe Stunde, mit drei Jahren hat ihm eine einstündige Wanderung mit moderater Steigung Spaß gemacht, zwei Stunden waren das Maximum.

Valentins Schwester Rosemarie habe ich im Alter von

sechs Monaten auf den Zirbitzkogel getragen, ich wollte nur spazieren gehen, dann wurde eine fünfstündige Wanderung daraus. Hat ihr auch gefallen. Man kann es wirklich nur probieren und muss flexibel bleiben. Dann geht eigentlich alles.

Eines noch zu langen Reisetagen: Nach vielen Stunden in Zug, Flugzeug oder Auto empfehle ich noch ein kurzes Programm als Ausgleich. Ein kleiner Spaziergang oder baden oder zumindest noch bewusst spielen. Von der Fahrt direkt zum Essen und ins Zimmer – das macht Kinder trüb und grantig. Wenn möglich, sollte man lange Transporte nach Schlafpausen strukturieren. Bei einer Radtour ist es zum Beispiel kein Problem, nach dem Mittagessen zwei Stunden zu radeln, dafür kann man am Vormittag ein paar Stopps mehr machen.

Kinderprogramm/Abenteuer & Eindrücke. Dem aufmerksamen Leser ist vielleicht aufgefallen, dass ich gegenüber übermäßigem Kindersonderprogramm skeptisch bin. Vielleicht sogar voreingenommen, jaja, ich arbeite an mir. Entscheidend ist für mich, ob es schlüssig zu einer Reise passt. Und ob das eigene innere Kind sich das Programm lustig vorstellt. Jedenfalls ist das Instant-Kinderprogramm meist nebensächlich für geglücktes Reisen mit dem Nachwuchs. Kinderbetreuung, Kinderbuffets, Babyschwimmen und Clubanimation kopieren das Schema, das Eltern und Kinder von zu Hause kennen, um vertraute Zonen zu schaffen. Genau die will man auf Reisen aber verlassen, seinen Horizont kann man schlecht erweitern, wenn man sich nicht bewegt. Damit ist nicht immer das große Abenteuer gemeint, sondern die Taverne ums Eck, wo ein kleiner Welpe im Eck sitzt und um einen Spielgefährten wirbt.

Die Frage nach dem Kinderprogramm kann man auch von der anderen Seite angehen: Wie vertraut ist die Szenerie und wie groß die Chance, Entdecker zu werden? Irgendwo dazwischen wird jeder seine Reise mit Kleinkind ansiedeln. Ich empfehle für die eigene Verortung möglichst vielfältige Inspiration durch andere, die solche Reisen gemacht haben. Das sind überraschend viele. Beginnen Sie die Planung der Reise mit deren Erzählungen, das Internet ist voll solcher Blogs und Berichte (zum Beispiel Christine Lugmayrs »weltentdeckerei.at«). Darunter gibt es entsetzlich übervorsichtige G'scheitleltern und viel zu coole, aber alle haben etwas zu erzählen, und das dient der Kreation des eigenen Gefühls. Schlussendlich wird man die richtige Mischung schon finden. Es gibt keine falsche Reise.

Preis. Ich halte es für eine Mär, dass Reisen mit Kind teuer sein muss. Solche Aussagen kommen von jenen, die nur Kinderhotels und Babythermen besuchten, die tatsächlich oft im besseren Viersternniveau angesiedelt sind. Natürlich gibt es nach oben keine Grenzen, siehe Kreuzfahrt. Aber es gibt auch Radtouren, Wohnmobilabenteuer, Hütten im Schnee, Wanderungen … und die kosten weniger als der durchschnittliche kinderlose Urlaub. Selbst ein Trip wie jener nach Dänemark oder Städtereisen sind kaum teurer, für Kleinkinder zahlt man oft gar nichts.

Eltern neigen häufig zu besseren Quartieren, sobald Kinder dabei sind. Ich kenne Reisende, die mit Kind nie wieder in Youth Hostels geschlafen haben, lieber das Cityhotel, weißt du, da hat man Ruhe, und es ist dort auch sauberer. Davon halte ich nichts, dem Kind wird jede Bruchbude gefallen, solange Mama und Papa sich dort wohlfühlen, Geborgenheit gibt es anfangs nur in deren Armen. Daher sollten Eltern nicht unter ihrem eigenen Standard buchen, aber auch nicht darüber.

Bei Rundreisen kann tägliches Quartierwechseln nerven, aber solange man selbst locker bleibt, bleibt es das Kind auch. Außerdem ist ein neues Zimmer immer eine neue Entdeckung. Valentin hat in unserem Reisejahr in unzählige Laden geschaut, deren Inhalt auch Papa nicht kannte – im Gegensatz zu daheim, wo man ja immer einen Wissensvorsprung hat. Auf eigenartige Weise ergibt das eine schöne Augenhöhe.

Vorbereitung. Wer eine Destination gefunden hat, die Eltern wie Kind einigermaßen faszinieren könnte, denkt zunächst über das Quartier nach: eine zentrale Unterkunft (bequem) oder eine Rundreise (abwechslungsreich)? Als Nächstes über den Transport, von Auto mit Fahrer bis zu öffentlichen Bussen und Zügen.

Was dann kommt, ist der schönste und wichtigste Teil, die Entwicklung des Gefühls. Man kann ruhig mit dem Selbsteingeständnis beginnen, dass Reisen mit Kind anstrengend ist, vor allem alleine. Die Romantik tröstet oft darüber hinweg, aber gelegentlich fehlt mit Kind links und Koffer rechts die dritte Hand. Einchecken, sich organisieren, das nächste Klo suchen … Wenn nur Mama oder Papa Zeit für die Reise hat, könnte man Großeltern oder Freunde fragen, ob sie mitkommen wollen.

Bei mir breitet sich während der Vorbereitung langsam das Reisefieber aus, und ich übertrage das dosiert auf Valentin. Ich zeige ihm Fotos von unserem Ziel, erzähle ihm von den zu erwartenden Abenteuern und erkläre ihm unsere Route auf der Landkarte. Mit einem Jahr war sein Interesse daran, sagen wir: überschaubar. Aber seit er zwei ist, entwickelt sich etwas. Reisen beginnen im Kopf, und dazu gehört, über den geplanten Urlaub zu reden, diese Vorfreude ist besonders schön, der Volksmund hat recht.

Irgendwann kommt das Einpacken. Was ab da passiert, haben Sie schon gelesen. Schöne Reise!

Ach ja, eines muss ich noch loswerden: Als Vater muss man sich daran gewöhnen, dass Kleinkinder den Müttern zugeschrieben werden. Über all die Mama-Baby-Angebote kann man hinwegsehen, aber ich werde mich irgendwann weigern, meine Kinder auf Frauentoiletten zu wickeln.

Noch ein Tipp: Der österreichische Veranstalter Travelkid (www.travelkid.at) hat sich auf abenteuerliche Reisen mit Kindern aller Altersklassen spezialisiert. Ich habe zwar nie eine gemacht und kann daher keine Empfehlung abgeben, aber ein Besuch auf der Website lohnt sich allein wegen der vielen Tipps und Ideen. Übrigens sagt auch Travelkid, dass Jordanien ein Geheimtipp für Kinder ist. Wobei ich sowohl die vorgeschlagene Reise – zehn Tage ziemlich genau entlang unserer Route – für zu überladen halte, als auch den Preis für recht hoch.

Zum Abschluss springe ich über meinen Schatten. Sie, liebe Leserin, lieber Leser, haben das Buch bis hierher geschafft, das sollte ein Autor schätzen. Also reihe ich erstmals meine bisherigen Reisen mit Valentin auf einer persönlichen Bestenliste. Nochmal: Viel Spaß und gute Reisen Ihnen und Ihrem Kind. Oder Enkel.

1. Jordanien-Rundreise (neunzehn Monate)
2. Bauernhof in Schladming-Rohrmoos (zweieinhalb Jahre)
3. Wohnmobiltour zum Kärntner See (sechzehn Monate)
4. Strandhaus im herbstlichen Dänemark (acht Monate)
5. Radrunde um den Bodensee (drei Jahre)
6. Kinderhotel in Tirol (zwanzig Monate)
7. Wanderung am Gosaukamm (fünfzehn Monate)
8. Cluburlaub auf Kos (sechzehn Monate)
9. Wanderung in den Ötschergräben (drei Jahre)
10. Donau-Radtour von Passau nach Wien (dreizehn Monate)
11. Selbstversorgerhütte in Tauplitz (elf Monate)
12. Babytherme im Burgenland (ein Jahr)
13. Gletschertrip mit Skiversuch (einundzwanzig Monate)
14. Städtetrip London (zwei Jahre)
15. Mittelmeer-Kreuzfahrt (siebzehn Monate)
16. Städtetrip Madrid (fünfzehn Monate)

Danke

Ein Buch ist die Arbeit vieler, auch wenn nur ein Name auf dem Cover steht. Ich freue mich, dass diesmal zumindest zwei Namen draufstehen. Valentin, ich bin dir unendlich dankbar, dass Du mit Deinem Papa fast jeden Blödsinn mitmachst, jede Reise und jetzt sogar dieses Buch.

Ich danke Dir, Katrin, dass Du mir diese wundervollen Kinder geschenkt hast, dass Du ihnen eine so umwerfende Mama bist. Dass Du meine Flausen mit ihnen immer unterstützt und so schöne Fotos von uns machst.

Für das Ertragen meiner Flausen danke ich auch meiner Mutter.

Ich danke dem Beduinen stellvertretend für die Hunderte vielfältigen, freundlichen Menschen, die mir auf Reisen begegneten. Sie lächeln, bieten Rast und Wasser und schenken Fremden ihre Aufmerksamkeit und Hilfe. Das macht uns zum Menschen.

Ich danke meinem *Kurier* im Allgemeinen und Ingrid Bahrer-Fellner im Besonderen für den Willen zur Serie »Valentin auf Reisen«. Ohne Dich und die Reiseveranstalter hätte es manche unserer Reisen nicht gegeben. Danke!

Karl- und Heinz-Opa, ihr seid auf Reisen oft eine helfende Hand, und immer eine unglaubliche Bereicherung. Danke!

Und ich danke euch, liebe Amalthea-Crew, für unsere wertvolle Zusammenarbeit. Ich bin gerne wieder im Heimathafen gelandet. Denn ein Schreiber lebt von Kritik und Ideen, nie von der Zustimmung.

Daher danke ich allen, die sich Zeit genommen haben, mir während der Entstehung dieses Buches ihre Meinung zu sagen. Ganz besonders Dir, Anna.